LA GUÍA ÚLTIMA DE BUÑUELOS IRRESISTIBLES

100 deliciosas recetas para satisfacer tus antojos e impresionar a tus invitados

Marta Cortes

 Este libro no debe considerarse un sustituto del asesoramiento médico, legal o de otro tipo profesional.

TABLA DE CONTENIDO

INTRODUCCIÓN

¡Bienvenido al mundo de los buñuelos, donde te esperan bocados dorados y crujientes delicias! Ya seas un chef experimentado o un principiante en la cocina, este libro de cocina es tu mejor compañero para explorar el maravilloso mundo de los buñuelos. Desde creaciones saladas hasta dulces, desde clásicos hasta creaciones innovadoras, La Guía Última De Buñuelos Irresistibles está repleto de una variedad de deliciosas recetas que elevarán tus habilidades culinarias y tentarán tus papilas gustativas. Prepárate para embarcarte en un viaje de sabores y texturas que te dejarán con ganas de más.

Los buñuelos tienen una larga y rica historia en diversas cocinas, lo que los convierte en una delicia culinaria apreciada en todo el mundo. Tradicionalmente, los buñuelos consisten en ingredientes como verduras, frutas, carnes o mariscos, rebozados con una masa sabrosa y fritos a la perfección. ¿El resultado? Una deliciosa combinación de exteriores crujientes e interiores tiernos y sabrosos a la que es difícil resistirse. Pero en este libro de cocina, también exploraremos alternativas más saludables que utilizan métodos de cocción alternativos como hornear o freír al aire.

En este libro encontrará una amplia gama de recetas de buñuelos para cada ocasión. Ya sea que esté buscando un refrigerio rápido y satisfactorio, un aperitivo impresionante para su próxima reunión o un toque creativo a un plato clásico, lo tenemos cubierto. Cada receta ha sido elaborada y probada meticulosamente para garantizar resultados infalibles, para que puedas preparar estos buñuelos con confianza en tu cocina.

Así que toma tu delantal, afila tus cuchillos y ¡sumergámonos en el mundo de los buñuelos! Desde buñuelos de calabacín llenos de sabores frescos hasta buñuelos de camote con un toque especiado, las posibilidades son infinitas. Descubra el placer de experimentar con diferentes ingredientes, especias y texturas para crear obras maestras únicas de buñuelos. La Guía Última De Buñuelos Irresistibles
, tendrás un libro de cocina que inspira creatividad, satisface tus antojos e impresiona a tu familia y amigos con tu destreza culinaria.

BUÑUELOS DE VEGETAL

1. Buñuelos de okra

Rinde: 1 porción

INGREDIENTES:

- 1 taza de harina sin blanquear tamizada
- 1½ cucharadita de polvo para hornear
- 2 cucharaditas de sal
- ¼ cucharadita de pimienta negra molida
- ¼ cucharadita de nuez moscada rallada
- 1 pizca de Cayena
- 2 tazas de okra fresca (en rodajas finas)

INSTRUCCIONES:

a) Combina bien los ingredientes

b) Deje caer cucharaditas en el aceite. Cocine hasta que estén dorados, de 3 a 5 minutos, hasta que floten y luego déles la vuelta.

c) Escurrir sobre toallas de papel y servir caliente con salsa para mojar si lo desea.

2.buñuelos de frijoles

Rinde: 24 buñuelos

INGREDIENTES:

- 1 taza de guisantes de carita
- 2 Pimiento rojo picante; sin semillas, picado
- 2 cucharaditas de sal
- Aceite vegetal; para freír

INSTRUCCIONES:

a) Remoja los frijoles durante la noche en agua fría. Escurrir, frotar y desechar la piel, cubrir los frijoles nuevamente con agua fría y dejarlos en remojo durante 2 a 3 horas más.

b) Escurrir, enjuagar y pasar por una picadora de carne con la cuchilla más fina, o reducir poco a poco en una batidora eléctrica. Muele los pimientos.

c) Agrega la sal y los pimientos a los frijoles y bate con una cuchara de madera hasta que estén suaves y esponjosos y aumenten considerablemente de volumen.

d) Calienta el aceite en una sartén pesada y fríe la mezcla a cucharadas hasta que esté dorada por ambos lados. Escurrir sobre toallas de papel.

e) Servir caliente como acompañamiento de bebidas.

3.Buñuelos de batata con jengibre

Rinde: 1 porción

INGREDIENTES:

- A; (1/2 libra) de camote
- 1½ cucharadita de raíz de jengibre fresca pelada y picada
- 2 cucharaditas de jugo de limón fresco
- ¼ cucharadita de hojuelas de pimiento rojo picante seco
- ¼ cucharadita de sal
- 1 huevo grande
- 5 cucharadas de harina para todo uso
- Aceite vegetal para freír

INSTRUCCIONES:

a) En un procesador de alimentos pique bien el boniato rallado con el jengibre, el jugo de limón, las hojuelas de pimiento rojo y la sal, agregue el huevo y la harina y mezcle bien la mezcla.

b) En una cacerola grande, caliente 1½ pulgadas de aceite y vierta cucharadas de la mezcla de batata en el aceite hasta que estén doradas.

c) Transfiera los buñuelos a toallas de papel para escurrir.

4.Buñuelos de berenjena

Rinde: 6 porciones

INGREDIENTES:

- 2 huevos batidos
- Sal al gusto
- 2 cucharadas de leche
- 2 berenjenas, cortadas finamente
- Aceite para freír

INSTRUCCIONES:

a) Mezcla los huevos, la sal y la leche para hacer una masa.

b) Sumerja las rodajas de berenjena en la masa y fría las rodajas de berenjena rebozadas en aceite a fuego moderado hasta que se doren uniformemente.

5.Buñuelos de alcachofa

Rinde: 6 porciones

INGREDIENTES:

- ½ libra de corazones de alcachofa, cocidos y cortados en cubitos
- 4 huevos, separados
- 1 cucharadita de polvo para hornear
- 3 cebollas verdes, picadas
- 1 cucharada de piel de limón rallada
- ½ taza de harina
- Sal y pimienta para probar
- 1 cucharada de maicena
- 4 tazas de Aceite para freír, Aceite de maní o de maíz

INSTRUCCIONES:

a) Coloque los corazones de alcachofa en un tazón grande y agregue las yemas de huevo y el polvo para hornear.

b) Agrega la cebolla verde. Incorpora la cáscara de limón. Incorpora la harina, la sal y la pimienta.

c) En un recipiente aparte, bata las claras de huevo y la maicena hasta que se formen picos. Incorpora las claras de huevo a la mezcla de alcachofas.

d) Con una cucharada, vierta porciones de masa para buñuelos en el aceite.

e) Freír hasta que estén doradas

f) Retire los buñuelos con una espumadera y escúrralos sobre toallas de papel.

6. Buñuelos de acelgas y ruibarbo

Rinde: 1 porción

INGREDIENTES:

- 8 tallos de acelgas ruibarbo
- 1 taza de harina
- ½ cucharadita de sal
- ⅛ cucharadita de pimentón
- 1 huevo ligeramente batido
- 2 cucharadas de Aceite o mantequilla derretida
- ⅔ taza de leche
- Aceite para freír

INSTRUCCIONES:

a) Mezclar harina, sal, pimentón, huevo, aceite o mantequilla y leche.

b) Sumerge los trozos de tallo en esta masa cubriéndolos bien. Freír en grasa profunda calentada a 375 F o hasta que esté lo suficientemente caliente como para dorar un cubo de pan de 1 pulgada en 1 minuto.

c) Escurrir sobre papel marrón en un horno tibio.

7.Buñuelos de higos

Rinde: 24 higos

INGREDIENTES:

- 24 higos maduros y firmes
- 2 huevos, separados
- ⅝ taza de leche
- 1 cucharada de aceite
- 1 pizca de sal
- Ralladura de limón
- 20½ onzas de harina
- 1 cucharada de azúcar
- Aceite para freír

INSTRUCCIONES:

a) En un bol batir las yemas con la leche, el aceite, la sal y la ralladura de limón.

b) Agregue la harina y el azúcar y combine bien. Refrigere la masa durante 2 horas.

c) Batir las claras a punto de nieve e incorporarlas a la masa. Sumerja los higos en la masa y fríalos en aceite caliente hasta que estén dorados.

d) Escurrir brevemente y espolvorear con azúcar. Del mismo modo se pueden preparar albaricoques, plátanos y otras frutas.

8. Lechugas mixtas con buñuelos de nabo

Rinde: 6 porciones

INGREDIENTES:

- ¼ taza de mantequilla
- 1 taza de cebolla picada
- 1 taza de cebollas verdes picadas
- 2 tallos de apio, picados
- 2 cucharadas de raíz de jengibre finamente picada
- 2 dientes de ajo, finamente picados
- 1 libra de nabos pequeños con puntas verdes
- 10 tazas de agua
- 2 cubitos de caldo de pollo extra grandes
- ½ taza de vino blanco seco o agua
- ¼ taza de maicena
- 6 tazas de hojas de espinacas frescas enteras empacadas
- 1¼ cucharadita de pimienta negra molida
- ½ cucharadita de sal
- ¼ de taza de harina para todo uso sin tamizar
- 1 huevo grande, ligeramente batido
- Aceite vegetal para freír

INSTRUCCIONES:

a) Prepara las verduras.

b) Rallar en trozos grandes los nabos enfriados.

c) Combine los nabos rallados, la harina, el huevo y el ¼ de cucharadita restante de pimienta y sal.

d) Agregue cucharaditas colmadas de la mezcla de buñuelos a la sartén y fría, volteando, hasta que se doren por ambos lados.

9. Buñuelos de calabacín de postre

Rinde: 2 porciones

INGREDIENTES:

- 2 huevos
- ⅔ taza de requesón bajo en grasa
- 2 rebanadas de pan blanco o WW desmoronado
- 6 cucharaditas de azúcar
- 1 pizca de sal
- ½ cucharadita de polvo para hornear
- 2 cucharaditas de aceite vegetal
- 1 cucharadita de extracto de vainilla
- ½ cucharadita de canela molida
- ¼ cucharadita de nuez moscada molida
- ⅛ cucharadita de pimienta de Jamaica molida
- 2 cucharadas de pasas
- 1 taza de calabacín finalmente rallado y sin pelar

INSTRUCCIONES:

a) Combine todos los ingredientes excepto las pasas y el calabacín. Mezclar hasta que esté suave.

b) Vierta la mezcla en un bol.

c) Agrega el calabacín y las pasas a la mezcla de huevo.

d) Precalienta una sartén o plancha antiadherente a fuego medio-alto.

e) Deje caer la masa sobre la plancha con una cuchara grande, formando pasteles de 4 pulgadas.

f) Voltee los buñuelos con cuidado cuando los bordes parezcan secos.

10.Buñuelos de puerro

Rinde: 4 porciones

INGREDIENTES:

- 4 tazas de puerros picados; (alrededor de 2 libras)
- 1 cucharada de aceite vegetal
- 1 cucharada de mantequilla
- 2 tazas de acedera picada
- 2 huevos
- ¼ taza de harina
- ¼ cucharadita de cáscara de limón seca
- ¼ cucharadita de curry dulce en polvo
- ¼ cucharadita de pimienta blanca
- ½ cucharadita de sal
- CCrea agria

INSTRUCCIONES:

a) Saltee los puerros en aceite y mantequilla durante unos 7 minutos, hasta que estén cocidos, pero no dorados.

b) Agregue la acedera y cocine otros 7 minutos más o menos hasta que se ablanden.

c) Cuando esté frío, mezcle los huevos, la harina y los condimentos.

d) Añadir a los puerros.

e) En una sartén, caliente aproximadamente ¼ de taza de aceite vegetal.

f) Sirva con un cucharón suficiente mezcla de puerros para hacer un panqueque de 2-½"-3".

g) Cocine durante 2-3 minutos por el primer lado, hasta que esté ligeramente dorado, dé vuelta y cocine unos 2 minutos por el segundo lado.

h) Escurrir sobre toallas de papel y servir.

11. Buñuelos de lentejas y vinagreta de remolacha

Rinde: 4 porciones

INGREDIENTES:

- ¼ de libra de lentejas rojas; cocido
- 1 cucharada de eneldo fresco picado
- 1 cucharadita de pimentón
- ½ cucharadita de sal
- ¾ libras de papas rojas; pelado
- Aceite de oliva; para freír
- ¼ de libra de hojas de remolacha; tallos eliminados
- 1 cucharada de vinagre balsámico
- ½ cucharadita de mostaza molida en piedra
- ½ cucharadita de alcaparras
- Sal
- Pimienta negra recién molida
- 3 cucharadas de aceite de oliva virgen extra

INSTRUCCIONES:

a) Coloque el puré de lentejas en un bol, agregue el eneldo, el pimentón y ½ cucharadita de sal.

b) Ralla las patatas en el bol y revuelve para mezclar.

c) Forme buñuelos del tamaño de medio dólar con la mezcla de lentejas y fríalos en una fina capa de aceite hasta que se doren.

VENDAJE:

d) Coloque el vinagre, la mostaza, las alcaparras, la sal y la pimienta en un tazón pequeño.

e) Agrega el aceite de oliva hasta que se mezclen.

f) Sancochar las hojas de remolacha en agua con sal hasta que se ablanden. Atender

12. Buñuelo de berenjena

Rinde: 4 porciones

INGREDIENTES:

- 1 berenjena pequeña
- 1 cucharadita de vinagre
- 1 huevo
- ¼ cucharadita de sal
- 3 cucharadas de harina
- ½ cucharadita de polvo para hornear

INSTRUCCIONES:

a) Pelar y cortar en rodajas las berenjenas. Cocine hasta que estén tiernos en agua hirviendo con sal.

b) Agrega vinagre y deja reposar por un minuto para evitar la decoloración.

c) Escurrir las berenjenas y hacer puré.

d) Incorpora los demás ingredientes y colócalos con una cuchara en la grasa caliente, volteando los buñuelos para que se doren uniformemente.

e) Escurrir bien sobre toallas de papel y mantener caliente.

f) Se puede añadir cebolla finamente picada, perejil, etc.

13. Buñuelos de zanahoria al curry

Rinde: 1 porción

INGREDIENTES:

- ½ taza de harina
- 1 huevo ligeramente batido
- 1 cucharadita de curry en polvo
- ½ libra de zanahorias
- ¼ cucharadita de sal
- ½ taza de cerveza sin gas
- 1 clara de huevo

INSTRUCCIONES:

a) Combine harina, sal, huevo, 1 cucharada de aceite vegetal y cerveza para hacer una masa suave.

b) Agrega el curry en polvo. Batir la clara de huevo hasta que esté firme e incorporarla a la masa. Incorpora suavemente las zanahorias.

c) Coloque cucharadas grandes de la mezcla en aceite vegetal a 375 grados y cocine durante aproximadamente un minuto por cada lado.

14. Buñuelos de guisantes fritos

Rinde: 4 porciones

INGREDIENTES:

- 2 tazas de guisantes (cocidos)
- 1 taza de harina
- 2 cucharaditas de polvo de hornear
- 1 cucharadita de pimienta
- ½ cucharadita de sal
- 1 cucharada de curry en polvo
- 2 huevos
- 1½ taza de leche

INSTRUCCIONES:

a) Mezcle todos los ingredientes secos. Batir los huevos y la leche.

b) Agregue a la mezcla de harina. Agregue suavemente los guisantes cocidos.

c) Vierta con una cuchara en ¾ de pulgada de grasa caliente. Freír hasta que se doren.

15.Buñuelos De Patata Rellenos

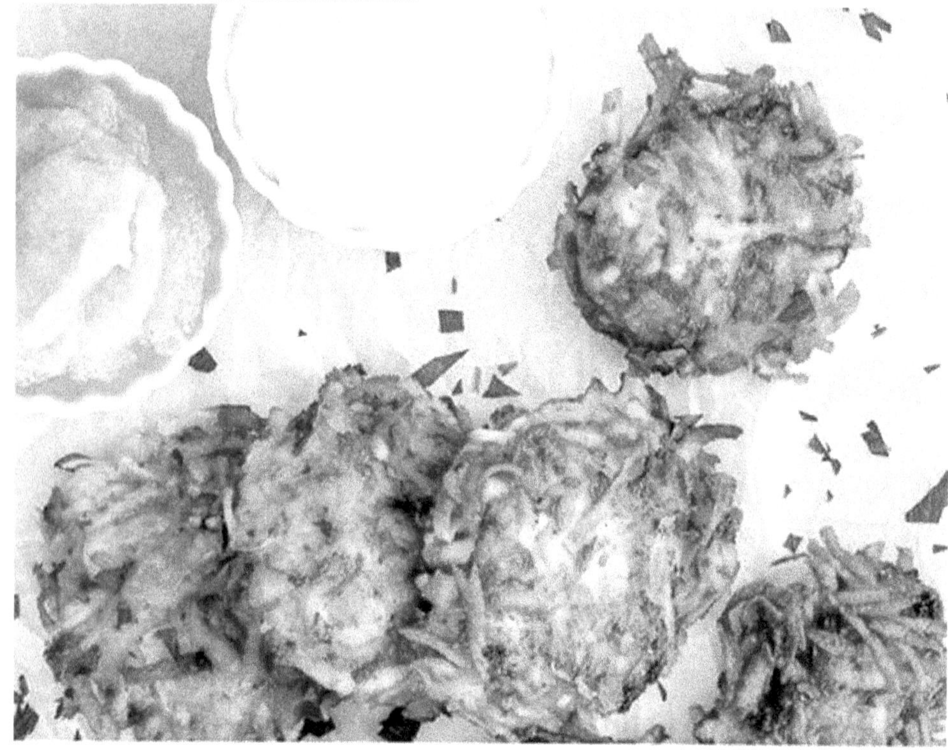

Rinde: 1 porción

INGREDIENTES:

- ¼ taza de aceite de maíz
- 3 cebollas medianas (1-1/2 tazas); Cortado
- 1 libra de carne molida
- 1 cucharadita de sal
- ½ cucharadita de pimienta
- 3 libras de papas; cocido y triturado
- 1 huevo; vencido
- 1 cucharadita de sal; o al gusto
- ½ cucharadita de canela molida
- ½ cucharadita de pimienta
- 1 taza de harina de matzá

INSTRUCCIONES:

a) Calienta aceite en una sartén y sofríe las cebollas a fuego moderado hasta que estén doradas.

b) Agregue la carne, sal y pimienta y saltee hasta que la mezcla esté seca y todo el líquido se haya evaporado.

c) Agrega el puré de papas.

d) Forma un círculo con ½ taza de masa de papa en la palma de tu mano.

e) Coloque 1 relleno generoso en el centro y doble la masa en forma de salchicha ligeramente aplanada.

f) Freír en aceite a fuego moderado hasta que se doren por ambos lados.

16. Buñuelos de champiñones

Rinde: 6 porciones

INGREDIENTES:

- 1 taza de harina para todo uso
- 1 12 onzas lata de cerveza
- 1½ cucharadita de sal
- ¼ cucharadita de pimienta negra
- 1 cucharadita de pimentón
- 1 libra de champiñones
- Jugo de limon
- Sal
- 4 tazas de aceite para freír

INSTRUCCIONES:

a) Prepare la masa mezclando todo menos los champiñones, la sal y el limón hasta que quede suave.

b) Espolvorea los champiñones con un poco de jugo de limón y sal.

c) Sumerja un champiñón en la masa y colóquelo en aceite caliente para cocinar hasta que esté dorado.

d) Guarda los champiñones que ya están cocidos en una bandeja forrada con papel absorbente en el horno bajo.

17.Buñuelos de calabaza espagueti italianos

Rinde: 4 porciones

INGREDIENTES:

- 2 huevos
- ½ taza de queso ricotta semidescremado
- 1 onza de queso parmesano rallado
- 3 cucharadas de harina
- ½ cucharadita de polvo para hornear
- 2 cucharaditas de verduras. aceite
- ⅛ cucharadita de ajo en polvo
- ½ cucharadita de orégano seco
- ¼ cucharadita de albahaca seca
- 1 cucharada de hojuelas de cebolla picada
- 2 tazas de espaguetis cocidos

INSTRUCCIONES:

a) En una licuadora, combine todos los ingredientes, excepto los espaguetis. Mezclar hasta que esté suave. Agregar espaguetis

b) Vierta la mezcla en una sartén antiadherente precalentada o en una plancha rociada con Pam. Cocine a fuego medio hasta que se dore por ambos lados, volteando con cuidado.

SALSA:

c) Combine una lata de 8 oz de salsa de tomate, ¼ de cucharadita de orégano seco, ⅛ de cucharadita de ajo en polvo y ¼ de cucharadita de albahaca seca en una cacerola pequeña. Calentar hasta que esté caliente y burbujeante.

d) Sirva sobre buñuelos.

18.Buñuelos de cebolla

Rinde: 6 porciones

INGREDIENTES:

- 1½ taza de harina de lentejas o garbanzos
- 1 cucharadita Sal o al gusto
- 1 pizca de bicarbonato de sodio
- 1 cucharada de arroz molido
- Una pizca de comino/chile en polvo/cilantro
- 1 a 2 chiles verdes frescos
- 2 cebollas grandes, cortadas en aros y separadas
- Aceite para freír

INSTRUCCIONES:

a) Tamiza la harina y agrega sal, bicarbonato de sodio, arroz molido, comino, cilantro, chile en polvo y chiles verdes; mezclar bien.

b) Ahora agregue las cebollas y mezcle bien.

c) Agregue gradualmente agua y siga mezclando hasta que se forme una masa suave y espesa.

d) Calienta el aceite y fríe los buñuelos suavemente para asegurarte de que la masa del centro se mantenga suave, mientras que el exterior se vuelve dorado y crujiente. Esto debería tomar entre 12 y 12 minutos para cada lote.

e) Escurrir los buñuelos sobre toallas de papel.

19.pakora

Rinde: 12 porciones

INGREDIENTES:

- 1 taza de harina de garbanzos
- ½ taza de harina para todo uso sin blanquear
- ½ cucharadita de bicarbonato de sodio
- ¾ cucharadita de crémor tártaro
- ¼ cucharadita de sal marina
- 1 cucharadita de comino en polvo y cilantro en polvo
- 1 cucharadita de cúrcuma y pimienta de Cayena
- 2 cucharadas de jugo de limón
- 1 taza de papas rebanadas
- 1 taza de floretes de coliflor
- 1 taza de pimiento morrón picado

INSTRUCCIONES:

a) Licue la harina, el bicarbonato de sodio, el crémor tártaro, la sal y las especias.

b) Agregue gradualmente agua y jugo de limón para hacer una masa suave con la consistencia de una crema espesa. Dejar de lado.

c) Sumerja las verduras en la masa para cubrirlas. Sumerja en aceite caliente y dé vuelta para cocinar uniformemente, hasta que se doren, aproximadamente 5 minutos.

d) Retirar con una espumadera y escurrir sobre papel absorbente.

20.Buñuelos de chirivía y zanahoria

Rinde: 4 porciones

INGREDIENTES:

- 225 gramos Chirivía; rallado
- 2 zanahorias medianas; rallado
- 1 cebolla; rallado
- 3 cucharadas de cebollino fresco cortado
- Sal y pimienta negra recién molida
- 2 huevos medianos
- ½ paquete de Salchichas de Cerdo
- 100 gramos de queso Cheddar fuerte
- 40 gramos de harina común
- 2 cucharadas de perejil fresco picado

INSTRUCCIONES:

a) Mezcle las chirivías, las zanahorias, la cebolla, el cebollino, el condimento y un huevo hasta que estén bien mezclados. Dividir en cuatro y aplanar para formar panqueques ásperos.

b) Calienta una sartén grande y cocina las salchichas durante 10 minutos, volteándolas ocasionalmente hasta que estén doradas.

c) Mientras tanto, agrega los panqueques a la sartén y fríelos durante 3 minutos por cada lado hasta que estén dorados.

d) Mezcle los ingredientes restantes para formar una pasta firme y enrolle hasta formar un tronco grande. Cortar en cuatro.

e) Picar las salchichas y dividirlas entre los buñuelos. Cubra cada uno con una rodaja de queso.

f) Colóquelo debajo de la parrilla precalentada y cocine durante 5 a 8 minutos hasta que burbujee y se derrita.

g) Sirva inmediatamente adornado con cebollino y chutneys.

21.Buñuelos de patatina

Rinde: 4 porciones

INGREDIENTES:

- 1 libra de patatas Russet
- 4 cuartos de aceite de oliva virgen
- Sal y pimienta

INSTRUCCIONES:

a) Corte las patatas en rodajas del mismo tamaño del tamaño de un dedo y colóquelas en agua fría nueva.

b) Caliente el aceite a 385 F en una olla al doble del volumen de aceite.

c) Agregue las papas un puñado a la vez y cocine hasta que estén doradas.

d) Retirar y escurrir sobre papel, sazonar con sal y pimienta y servir con mayonesa.

22. Buñuelos de patata y nueces

Rinde: 4 porciones

INGREDIENTES:

- 2 patatas hirviendo
- Sal
- 2 huevos grandes
- ½ taza de nueces picadas
- Pimienta recién molida
- 5 tazas de aceite vegetal, para freír

INSTRUCCIONES:

a) Caliente el aceite para freír a 360 grados.

b) Haga buñuelos con la mezcla, pero no los amontone en aceite. Freír durante 2-3 minutos o hasta que estén dorados por todos lados.

c) Transfiera a una bandeja forrada con toallas de papel.

23.Buñuelos de calabaza

Rinde: 1 porción

INGREDIENTES:

- 4 tazas de puré de calabaza cocido
- 2 huevos
- 1 taza de harina
- 1 pizca de sal
- 1 cucharadita de polvo para hornear
- 2 cucharadas colmadas de azúcar
- 250 mililitros de azúcar
- 500 mililitros agua
- 500 mililitros de leche
- 30 mililitros de margarina
- 20 mililitros de almidón de maíz mezclado con agua

INSTRUCCIONES:

a) Combine todos los ingredientes hasta obtener una masa suave y fría a cucharadas en aceite poco profundo hasta que ambos lados estén ligeramente dorados.

b) Escurrir sobre papel y servir caliente con azúcar y canela o salsa de caramelo.

24. Buñuelos de espinacas

Rinde: 4 porciones

INGREDIENTES:

- 1 libra de espinacas frescas u otras
- Verdura de tu elección
- 3 huevos grandes
- 2 cucharadas de leche
- 1 cucharadita de sal
- ½ cucharadita de pimienta
- 2 cucharadas de cebolla picada
- 1 cucharada de apio picado
- 1 cucharada de harina
- Aceite de cocina

INSTRUCCIONES:

a) Enjuagar bien las espinacas, escurrirlas y picarlas bien.

b) Separar los huevos y batir las claras hasta que formen picos suaves.

c) Combina las yemas de huevo con la leche, la sal, la pimienta, la cebolla, el apio y la harina.

d) Incorpora las claras batidas y las espinacas, mezclando bien.

e) Forme 8 hamburguesas de 3 pulgadas y fríalas en aceite de cocina hasta que se doren.

25.Buñuelos de tofu fritos

Rinde: 4 porciones

INGREDIENTES:

- 50 gramos de harina leudante
- Sal y pimienta recién molida
- Aceite vegetal para freír
- 285 g de tofu; cortar en trozos
- 2 cucharadas de azúcar en polvo
- 2 cucharadas de vinagre de vino tinto
- 300 gramos de frutos rojos mixtos
- 2 chalotes; finamente cortado en cubitos

INSTRUCCIONES:

HACER LA SALSA

a) Coloca el vinagre y el azúcar en una cacerola y calienta suavemente para disolver el azúcar.

b) Añade las bayas y las chalotas y escalfalas suavemente durante 10 minutos hasta que se ablanden. Dejar enfriar.

HACER LA BATEACIÓN

c) Coloque la harina en un bol y agregue poco a poco el agua.

d) Calienta el aceite en una sartén honda hasta que esté caliente.

e) Sumerja el tofu en la masa y fríalo durante 1-2 minutos hasta que la masa esté crujiente.

26.Buñuelos de tomate

Rinde: 16 porciones

INGREDIENTES:

- 1⅓ taza de tomates ciruela, sin semillas y cortados en cubitos
- ⅔ taza de calabacín, finamente picado
- ½ taza de cebolla, finamente picada
- 2 cucharadas de hojas de menta, picadas
- ½ taza de harina para todo uso
- ¾ cucharadita de polvo para hornear
- ½ cucharadita de sal
- ½ cucharadita de pimienta
- Pizca de canela
- Aceite de oliva para freír

INSTRUCCIONES:

a) Combine los tomates cortados en cubitos, el calabacín, la cebolla y la menta en un tazón pequeño.

b) Combine la harina, el polvo para hornear, la sal, la pimienta y la canela en un tazón mediano.

c) Agrega las verduras a los ingredientes secos.

d) Caliente el aceite de oliva en una sartén antiadherente grande y vierta la masa en cucharadas redondeadas en el aceite.

e) Cocine hasta que estén doradas, aproximadamente 2 minutos por lado.

f) Escurrir sobre toallas de papel y servir caliente.

27. Buñuelos de flor de saúco

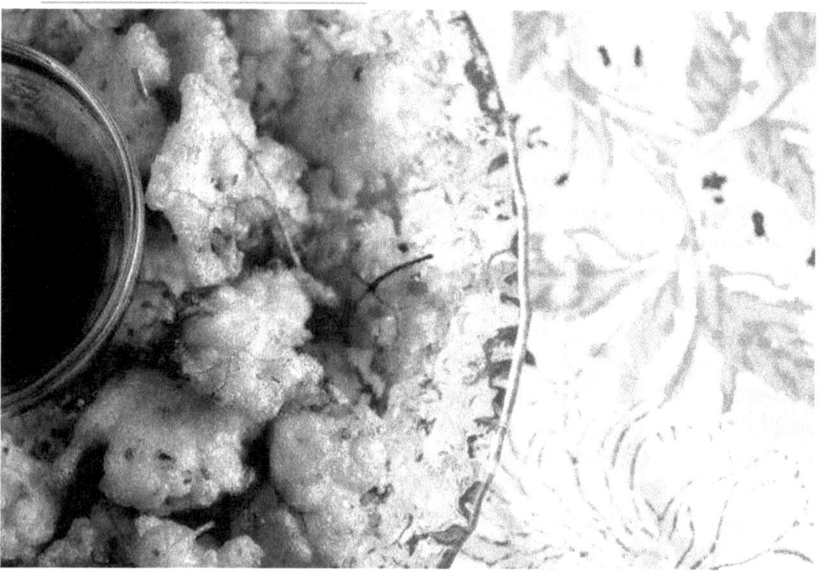

Rinde: 4 porciones

INGREDIENTES:

- Aceite de girasol para freír
- 8 cabezas de flor de saúco; dependiendo del tamaño
- 180 gramos de harina común
- 1 cucharada de azúcar en polvo
- Una pizca de sal
- Ralladura fina de 1 limón
- 2 huevos
- 60 mililitros de leche
- 60 mililitros de vino blanco seco
- 1 gajos de limón y azúcar glas

INSTRUCCIONES:

a) Tamizamos la harina en un bol con el azúcar y la sal.

b) Agrega la ralladura de limón y los huevos y agrega aproximadamente la mitad de la leche y la mitad del vino.

c) Comience a batir los líquidos con la harina, incorporando gradualmente el resto de la leche y el vino hasta obtener una masa suave.

d) Una a una, toma las flores por los tallos y sumérgelas en la masa.

e) Levante y deje que se escurra el exceso de masa, luego deslícelo en el aceite.

f) Después de dos minutos, la parte inferior debería estar ligeramente dorada.

g) Voltee los buñuelos y déjelos crujientes por un minuto más.

h) Escurrir sobre papel de cocina antes de servir.

28. Buñuelos de flores de diente de león

Rinde: 10 porciones

INGREDIENTES:

- 1 taza de harina integral
- 2 cucharadas de aceite de oliva
- 2 cucharaditas de polvo de hornear
- 1 taza de flores de diente de león
- 1 pizca de sal
- 1 huevo
- Spray de aceite vegetal antiadherente
- ½ taza de leche baja en grasa

INSTRUCCIONES:

a) En un bol mezcle la harina, el polvo para hornear y la sal. En un recipiente aparte, bata el huevo y luego mezcle con leche o agua y aceite de oliva.

b) Combinar con la mezcla seca. Agregue las flores amarillas con cuidado, teniendo cuidado de no aplastarlas.

c) Rocíe ligeramente una plancha o sartén con aceite vegetal.

d) Calentar hasta que esté completamente caliente. Vierta la masa en la plancha a cucharadas y cocine como si fueran panqueques.

29.Buñuelos de flor de saúco

Rinde: 1 porción

INGREDIENTES:

- 8 cabezas de flor de saúco
- 110 gramos de harina común
- 2 cucharadas de aceite de girasol
- 150 mililitros de cerveza o agua
- 1 clara de huevo
- Aceite para freír
- Azúcar en polvo; tamizado
- Rodajas de limón

INSTRUCCIONES:

a) Tamizar la harina y la sal y mezclar hasta obtener una masa con el aceite y la cerveza.

b) Dejar reposar en un lugar fresco durante 1 hora.

c) Batir la clara de huevo hasta que forme picos rígidos. Incorpora el huevo justo antes de usar la masa.

d) Calienta un poco de aceite en una sartén honda o en una freidora.

e) Sumerja las cabezas de flores en la masa y luego colóquelas en el aceite caliente humeante y fríalas hasta que estén doradas.

f) Escurrir los buñuelos sobre papel de cocina.

g) Colocar en un plato, espolvorear con azúcar glas tamizada y servir con rodajas de limón.

30.Buñuelos de pétalos de rosa

Rinde: 4 porciones

INGREDIENTES:

- 1 manojo de pétalos de rosa
- azúcar en polvo
- salsa dulce

INSTRUCCIONES:

a) Echa los pétalos y mezcla suavemente.

b) Pasar al aceite caliente y freír hasta que estén dorados.

c) Para freír: sumerja trozos de comida en la masa. Freír en 3-4 pulgadas de grasa a 375 grados hasta que se doren.

d) Escurrir sobre papel toalla.

e) Espolvoree los buñuelos de frutas con azúcar glas o cubra con una salsa dulce.

BUÑUELOS DE FRUTAS

31. Buñuelos de manzana holandeses

Rinde: 4 porciones

INGREDIENTES:

- 8 manzanas grandes peladas y sin corazón
- 2 tazas de harina para todo uso, tamizada
- 12 onzas de cerveza inglesa
- ½ cucharadita de sal
- Aceite, manteca o manteca
- Azúcar glas

INSTRUCCIONES:

a) Corta las manzanas peladas y sin corazón o córtalas en rodajas de ⅓ de pulgada de grosor.

b) Combine la cerveza, la harina y la sal con un batidor hasta que la mezcla esté suave y luego sumerja las rodajas de manzana en la mezcla.

c) Freír en grasa profunda o 1 pulgada de aceite en una sartén pesada a una temperatura de fritura de 370°. Drenar

32. Buñuelos de manzana y naranja

Rinde: 18 porciones

INGREDIENTES:

- 1 taza de leche
- 1 Naranja, cáscara y jugo
- 1 huevo batido
- 1 taza de manzanas, picadas en trozos grandes
- 4 cucharadas de margarina
- 3 tazas de harina para pastel
- ¼ de taza) de azúcar
- 2 cucharaditas de polvo de hornear
- ½ cucharadita de sal
- 1 cucharadita de vainilla

INSTRUCCIONES:

a) Batir el huevo. En un tazón, combine la leche, el huevo y la margarina derretida.

b) Agrega el jugo de naranja, la cáscara, las manzanas picadas y la vainilla.

c) Tamizar juntos la harina, la sal y el polvo para hornear.

d) Incorpora la mezcla de leche con una cuchara hasta que se mezclen.

e) Precalienta el aceite en una sartén a 350 grados.

f) Deje caer la punta de una cucharada en el aceite caliente.

g) Freír hasta que estén doradas. Voltéalas para que se doren uniformemente. Dejar enfriar.

33. Buñuelos de plátano rebozados en tempura

Rinde: 1 porción

INGREDIENTES:

- 5 plátanos
- Harina para dragar plátanos
- Aceite vegetal para freír
- 1 huevo
- 125 mililitros de Harina tamizada
- 1/2 cucharaditas de bicarbonato de sodio
- Miel

INSTRUCCIONES:

a) Mezcle los ingredientes de la masa con un batidor hasta que estén algo espumosos.

b) Corta los plátanos en trozos de 2½ cm / 1 pulgada. Enróllelos en la harina hasta que estén ligeramente cubiertos.

c) Sumerge unos trozos de plátano en la masa y fríelos hasta que estén dorados. Escurrir sobre toallas de papel. Hazlo en tandas pequeñas hasta que estén todos listos.

d) Calienta la miel en una cacerola hasta que esté líquida y caliente; vierte esto sobre los plátanos.

34. Buñuelos de albaricoque

Rinde: 8 porciones

INGREDIENTES:

- 12 albaricoques pequeños
- 12 almendras enteras
- 2 cucharadas de ron blanco
- ½ taza de harina para todo uso sin blanquear
- ½ taza de maicena
- 3 cucharadas de azúcar
- ½ cucharadita de sal
- ½ cucharadita de canela
- ½ cucharadita de polvo para hornear
- ½ taza de agua; más
- 1 cucharada de agua
- 3 cucharadas de mantequilla derretida
- 1½ litro de aceite vegetal; para freír
- Azúcar glas

INSTRUCCIONES:

a) Coloque los albaricoques en un bol y espolvoree los lados cortados con el ron.

b) Para la masa, combine los ingredientes secos en un tazón y agregue el agua y luego la mantequilla derretida.

c) Con un tenedor, sumerja los albaricoques en la masa hasta que estén bien dorados y cocidos.

35.Buñuelos de plátano Benya

Rinde: 1 porción

INGREDIENTES:

- 1 paquete de levadura
- 1 taza de agua caliente
- Azúcar
- 10 plátanos muy blandos
- 3 cucharadas de canela
- 2 cucharadas de nuez moscada
- 2½ libras de harina
- 1½ libras de azúcar
- Cáscara rallada de una naranja
- ¼ cucharadita de sal

INSTRUCCIONES:

a) Agrega la levadura al agua caliente y espolvorea un poco de azúcar. Tapar y dejar reposar para iniciar el proceso de fermentación.

b) Triture bien los plátanos en un tazón grande con levadura. Agrega la canela, la nuez moscada, la harina, el azúcar, la ralladura de naranja y la sal.

c) Mezclar bien y dejar reposar durante la noche. La mezcla subirá y triplicará su cantidad.

d) Vierta cucharadas en la grasa profunda; freír hasta que se dore. Servir frío o caliente

36. Buñuelo de langostinos y plátano

Rinde: 1 porción

INGREDIENTES:

- 4 langostinos regordetes
- 1 plátano
- 8 onzas de harina de maíz
- 8 onzas de harina común
- 1 onza de polvo para hornear
- 3½ cucharadas de salsa de tomate
- ¼ litro de vinagre
- Sal y pimienta

INSTRUCCIONES:

a) Ponga la harina de maíz, la harina, la sal y la pimienta en un bol. Agrega el ketchup y el vinagre y bate hasta obtener una pasta suave. Agrega el polvo para hornear.

b) Calentar una sartén o freidora eléctrica a 175-180C.

c) Pelar los langostinos y limpiarles los intestinos. Divida los langostinos y coloque un trozo de plátano en el centro.

d) Asegúrelo con un palito de cóctel. Sumergir en la masa y freír.

37. Buñuelos de melocotón enlatados

Rinde: 4 -5 porciones

INGREDIENTES:

- 1 lata (29 oz) de duraznos en rodajas
- 1 taza de harina tamizada ANTES de medir
- ½ cucharadita de sal
- 1 cucharadita de polvo para hornear
- 2 huevos; vencido
- 1 cucharada de manteca derretida
- ½ taza de leche entera
- Aceite vegetal

INSTRUCCIONES:

a) Escurrir los melocotones y espolvorear ligeramente con harina. Tamizar la harina con la sal y la levadura.

b) Agrega los huevos bien batidos, la manteca derretida y la leche. Mezclar bien.

c) Con un tenedor de mango largo, sumerja la fruta en la masa. Deje que se escurra el exceso de masa.

d) Coloque la fruta en aceite caliente (375) y fríala durante 2-3 minutos o hasta que esté ligeramente dorada.

e) Escurrir sobre toallas de papel. Espolvorea con azúcar en polvo.

38.Buñuelos de piña caribeña

Rinde: 1 porción

INGREDIENTES:

- 2 tazas de piña fresca; cortar en trozos
- 1 chile habanero; sin semillas y picado
- 5 cebolletas; finamente picado
- 1 cebolla; picado
- 2 dientes de ajo; triturado y picado
- 8 cebollas verdes; picado
- ½ cucharadita de cúrcuma
- 1¼ taza de harina
- ½ taza de Leche; o más
- ½ taza de aceite vegetal; para freír
- 2 huevos; vencido
- Sal y pimienta
- Anillos de piña; para Decorar

INSTRUCCIONES:

a) Mezcla los primeros siete ingredientes; dejar de lado.

b) Combine la harina, la leche, los huevos, la sal y la pimienta y bata bien con una batidora eléctrica.

c) Después de 4 horas, combine la fruta con la masa.

d) Calienta el aceite vegetal en una sartén profunda.

e) Vierta la masa a cucharadas y fría durante unos 5 minutos o hasta que estén doradas.

f) Retire los buñuelos y escúrralos sobre toallas de papel. Servir frío

39.Buñuelos de saúco

Rinde: 4 porciones

INGREDIENTES:

- 1 ¾ tazas de Harina
- 2 huevos
- ½ taza más ½ cucharadas de leche
- 1 pizca pequeña de sal
- 16 flores de saúco con tallos
- Azúcar para espolvorear
- 750 gramos de Manteca o manteca para freír

INSTRUCCIONES:

a) Con un batidor, mezcle la harina, los huevos, la sal y la leche hasta obtener una masa para panqueques.

b) Enjuague las flores de saúco varias veces y luego séquelas con una toalla de papel.

c) Sumerge brevemente las flores en la masa y luego fríelas hasta que estén doradas. Espolvorear con azúcar y servir.

40. Buñuelos de frutas y verduras

Rinde: 1 porción

INGREDIENTES:

- 1 taza de harina para todo uso
- 1 cucharadita de polvo para hornear
- 14 cucharaditas de sal
- 2 huevos grandes
- 2 cucharaditas de azúcar
- ⅔ taza de leche
- 1 cucharadita de aceite de ensalada
- ½ cucharadita de jugo de limón
- Fruta mezclada
- Verduras mixtas

INSTRUCCIONES:

a) Tamizar juntos la harina, la levadura en polvo y la sal.

b) Batir los huevos hasta que estén suaves y esponjosos.

c) Agrega el azúcar, la leche, el aceite y un chorrito de jugo de limón; agregue la mezcla de harina y revuelva solo el tiempo suficiente para humedecer.

d) Añade una pizca de canela a la harina cuando hagas buñuelos de frutas.

e) FRUTAS: Manzanas: Pelar, descorazonar y cortar en rodajas de ½ pulgada. Plátanos: Cortar en trozos y espolvorear con jugo de limón y azúcar. Utilice duraznos, piñas, etc. enlatados escurriendo; espolvoree muy ligeramente con harina antes de sumergirla en la masa.

f) VERDURAS: Córtelas en trozos del mismo tamaño para que el tiempo de fritura sea aproximadamente el mismo.

g) Caliente el aceite en una sartén honda y cocine los buñuelos hasta que estén ligeramente dorados, luego escúrralos sobre toallas de papel.

41. Buñuelos de frutas con salsa de limón y bourbon

Rinde: 32 porciones

INGREDIENTES:

- ¾ taza de harina, para todo uso
- ½ cucharadita de polvo para hornear
- 1 huevo batido
- 1 cucharada de mantequilla o margarina, derretida
- ⅓ taza de azúcar
- 1 cucharada de maicena
- ¾ taza de agua
- 2 cucharadas de mantequilla o margarina
- 1 cucharadita de vainilla
- 4 manzanas, 4 peras, 4 plátanos
- ¼ de taza de borbón
- Ralladura de limón y 4 cucharaditas de jugo de limón.

INSTRUCCIONES:

a) Tamizar juntos la harina, el azúcar y la levadura en polvo.

b) Combine huevo, agua, mantequilla y vainilla; agregue los ingredientes secos hasta que estén mezclados.

c) Sumerja la rodaja de fruta en la masa; echar en aceite caliente y freír hasta que estén dorados por ambos lados.

d) SALSA DE LIMÓN Y BOURBON: Combine el azúcar y la maicena en una cacerola pequeña; agregue agua. Cocine, revolviendo constantemente, hasta que la mezcla hierva y espese. Agrega la mantequilla. Agrega el bourbon, la ralladura de limón y el jugo; mezclar bien.

42.Buñuelos de manzana espía del norte

Rinde: 15 porciones

INGREDIENTES:

- ¾ taza de harina de maíz amarillo
- ½ taza de harina para todo uso
- 2 cucharadas de polvo para hornear
- 6 cucharadas de azúcar
- 1 pizca de sal
- 1 huevo
- ½ taza de leche
- 1½ taza de aceite vegetal para freír
- 1 manzana Northern Spy, pelada
- 2 cucharadas de aceite vegetal
- Azúcar glas para decorar

INSTRUCCIONES:

a) Combine todos los ingredientes secos excepto el azúcar glas.

b) Agregue los ingredientes líquidos (excepto 1½ tazas de aceite) uno a la vez, revolviendo entre adiciones.

c) Incorpora la manzana.

d) Deje reposar la masa durante 10 minutos.

e) Calienta el aceite hasta que crepita, no hasta el punto de humear.

f) Eche la masa en el aceite y retírela sobre una toalla de papel cuando esté dorada.

g) Espolvorea con azúcar glass y sirve.

43. Buñuelos de plátano y piña

Rinde: 1 porción

INGREDIENTES:

- 1⅓ taza de harina para todo uso
- 1½ cucharadita de levadura en polvo de doble acción
- 3 cucharadas de azúcar granulada
- 1 cucharadita de jengibre molido
- ¾ taza de piña fresca picada; agotado
- ¾ taza de plátano picado
- ½ taza de leche
- 1 huevo grande; golpeado ligeramente
- Aceite vegetal para freír
- Azúcar glas para espolvorear

INSTRUCCIONES:

a) Tamizar juntos la harina, la levadura, el azúcar granulada, el jengibre y una pizca de sal.

b) En un bol combine bien la piña, el plátano, la leche y el huevo, agregue la mezcla de harina y revuelva la masa hasta que se combine.

c) Eche la masa a cucharadas en el aceite en tandas y fría los buñuelos, dándoles la vuelta, durante 1 a 1 ½ minutos, o hasta que estén dorados.

d) Transfiera los buñuelos con una espumadera a toallas de papel para escurrir y tamice el azúcar glas sobre ellos.

44. Buñuelos de pera escalfados

Rinde: 1 porción

INGREDIENTES:

- Bizcochos de mantequilla
- Aceite vegetal
- 1 puerto de botella
- 1 taza de agua
- 1 rama de canela
- 3 dientes enteros
- ½ cucharadita de nuez moscada
- 1 pizca de maza
- 4 peras; pelado

INSTRUCCIONES:

a) Coloca los ingredientes en una olla y deja que hierva agrega las peras. Hervir hasta que las peras estén ligeramente escalfadas, de 15 a 20 minutos.

b) Una vez enfriadas, retira las peras y cuela los líquidos, vuelve a colocarlas en la olla y deja que hierva. Reducir a la mitad y retirar del fuego.

c) Cortar las peras en cuartos, quitando las semillas.

d) Enrolle la masa el doble del largo que el ancho de las peras y tanto como pueda para que tenga un grosor de ⅛ a ¼ de pulgada.

e) Colocar las peras sobre la masa, doblar la masa por encima y cortar con una rueda de repostería.

f) Repita hasta que se acaben la masa y las peras.

45.Buñuelos de cerezas al ron

Rinde: 6 porciones

INGREDIENTES:

- ½ taza de harina para todo uso
- 2 cucharadas de azúcar glas
- ¼ cucharadita de sal
- 1 libra de cerezas con tallo
- Azúcar glas
- 2 huevos; apartado
- 2 cucharadas de ron
- ½ taza de mantequilla clarificada
- ½ taza de aceite vegetal

INSTRUCCIONES:

a) En un tazón mediano, mezcle la harina, las yemas de huevo, 2 cucharadas de azúcar glas, el ron y la sal para formar una masa suave.
b) Cubra y deje reposar de 1 a 2 horas.
c) Batir las claras a punto de nieve e incorporarlas a la masa.
d) Calienta la mantequilla y el aceite vegetal en una sartén grande a 360 grados F, luego baja el fuego.
e) Sumerge las cerezas en la masa y ponlas a reposar en el aceite caliente.
f) Freír por 3 minutos, o hasta que estén dorados.
g) Retire las cerezas.
h) Sumérgelos en azúcar glass y sírvelos.

46.Buñuelos De Manzana Y Canela

Rinde: 6 porciones

INGREDIENTES:

- 2 tazas de harina para todo uso
- 1/4 taza de azúcar granulada
- 2 cucharaditas de polvo de hornear
- 1/2 cucharadita de sal
- 1 cucharadita de canela molida
- 2/3 taza de leche
- 2 huevos grandes
- 2 tazas de manzanas peladas y cortadas en cubitos
- Aceite vegetal para freír
- Azúcar en polvo para espolvorear

INSTRUCCIONES:

a) En un tazón grande, mezcle la harina, el azúcar, el polvo para hornear, la sal y la canela.

b) En un recipiente aparte, mezcle la leche y los huevos hasta que estén bien combinados.

c) Vierta la mezcla de leche en los ingredientes secos y revuelva hasta que estén combinados. Evite mezclar demasiado.

d) Incorpora suavemente las manzanas cortadas en cubitos.

e) Caliente el aceite vegetal en una sartén u olla profunda a aproximadamente 350 °F (175 °C).

f) Eche cucharadas de la masa en el aceite caliente y fría hasta que estén doradas por ambos lados, volteándolas una vez durante la cocción.

g) Retire los buñuelos del aceite con una espumadera y colóquelos en un plato forrado con papel toalla para escurrir el exceso de aceite.

h) Espolvorea los buñuelos con azúcar glass antes de servir. Disfrútalos calentitos.

47. Buñuelos De Piña Y Coco

Rinde: 6 porciones

INGREDIENTES:

- 1 taza de harina para todo uso
- 2 cucharadas de azúcar granulada
- 1 cucharadita de polvo para hornear
- 1/4 cucharadita de sal
- 1/2 taza de piña triturada enlatada, escurrida
- 1/4 taza de leche de coco
- 1 huevo grande
- 1/2 cucharadita de extracto de vainilla
- Aceite vegetal para freír
- Coco rallado para cubrir (opcional)

INSTRUCCIONES:

a) En un bol, mezcle la harina, el azúcar, el polvo para hornear y la sal.

b) En un recipiente aparte, combine la piña triturada, la leche de coco, el huevo y el extracto de vainilla.

c) Vierta la mezcla de piña en los ingredientes secos y revuelva hasta que estén combinados.

d) Caliente el aceite vegetal en una sartén u olla profunda a aproximadamente 350 °F (175 °C).

e) Eche cucharadas de masa en el aceite caliente y fría hasta que estén doradas, volteándolas una vez durante la cocción.

f) Retira los buñuelos del aceite y colócalos en un plato forrado con papel toalla para eliminar el exceso de aceite.

g) Si lo desea, enrolle los buñuelos calientes en coco rallado para darle más sabor y textura a coco.

h) Sirve los buñuelos de piña y coco aún calientes.

48. Buñuelos De Tarta De Queso Y Fresa

Rinde: 6 porciones

INGREDIENTES:

- 1 taza de harina para todo uso
- 2 cucharadas de azúcar granulada
- 1 cucharadita de polvo para hornear
- 1/4 cucharadita de sal
- 1/2 taza de leche
- 1 huevo grande
- 1/2 cucharadita de extracto de vainilla
- 1 taza de fresas frescas picadas
- 4 onzas de queso crema, cortado en cubos pequeños
- Aceite vegetal para freír
- Azúcar en polvo para espolvorear

INSTRUCCIONES:

a) En un bol, mezcle la harina, el azúcar, el polvo para hornear y la sal.

b) En un recipiente aparte, combine la leche, el huevo y el extracto de vainilla y bata hasta que estén bien combinados.

c) Vierta la mezcla de leche en los ingredientes secos y revuelva hasta que se forme una masa suave.

d) Incorpora suavemente las fresas cortadas en cubitos y los cubitos de queso crema.

e) Caliente el aceite vegetal en una sartén u olla profunda a aproximadamente 350 °F (175 °C).

f) Eche cucharadas de la masa en el aceite caliente y fría hasta que estén doradas, volteándolas una vez durante la cocción.

g) Retire los buñuelos del aceite con una espumadera y colóquelos en un plato forrado con papel toalla para escurrir el exceso de aceite.

h) Espolvorea los buñuelos con azúcar glass antes de servir. Disfrútalos calentitos.

49. Buñuelos De Limón Y Arándanos

Rinde: 6 porciones

INGREDIENTES:

- 1 taza de harina para todo uso
- 2 cucharadas de azúcar granulada
- 1 cucharadita de polvo para hornear
- 1/4 cucharadita de sal
- Ralladura de 1 limón
- 1/2 taza de leche
- 1 huevo grande
- 1/2 cucharadita de extracto de vainilla
- 1 taza de arándanos frescos
- Aceite vegetal para freír
- Azúcar en polvo para espolvorear

INSTRUCCIONES:

a) En un bol, mezcle la harina, el azúcar, el polvo para hornear, la sal y la ralladura de limón.

b) En un recipiente aparte, combine la leche, el huevo y el extracto de vainilla y bata hasta que estén bien combinados.

c) Vierta la mezcla de leche en los ingredientes secos y revuelva hasta que se forme una masa suave.

d) Incorpora suavemente los arándanos frescos.

e) Caliente el aceite vegetal en una sartén u olla profunda a aproximadamente 350 °F (175 °C).

f) Eche cucharadas de masa en el aceite caliente y fría hasta que estén doradas, volteándolas una vez durante la cocción.

g) Retire los buñuelos del aceite con una espumadera y colóquelos en un plato forrado con papel toalla para escurrir el exceso de aceite.

h) Espolvorea los buñuelos con azúcar glass antes de servir. Servir caliente.

FRITTERES DE PESCADO Y MARISCOS

50.Buñuelos de bagre

Rinde: 8 porciones

INGREDIENTES:

- 1½ taza de harina para todo uso
- 1 cucharadita de sal y pimienta
- 2 huevos medianos
- 3 cucharadas de mantequilla, sin sal; derretido, enfriado
- 1 taza de leche entera
- ½ libra de bacalao salado
- 1 pimiento picante; sembrado
- 2 cebolletas; picado fino
- 1 diente de ajo; aplastada
- 1 cucharada de perejil; Cortado
- ½ cucharadita de tomillo
- 1 baya de pimienta de Jamaica; suelo

INSTRUCCIONES:

a) Tamizar la harina y la sal en un bol. Batir los huevos con la mantequilla y agregar a la mezcla de harina. Agregue la leche gradualmente, revolviendo solo para mezclar.

b) Agregue más leche si la masa está demasiado dura.

c) Machacar pescado en un mortero con pimiento picante

d) Agregue cebolletas, ajo, perejil, tomillo, pimienta de Jamaica y pimienta negra al gusto. Incorporar a la masa

e) Calentar el aceite y freír la mezcla a cucharadas colmadas hasta que se dore.

51.Buñuelos de bacalao

Rinde: 14 buñuelos

INGREDIENTES:

- ½ libra de bacalao seco, cocido y desmenuzado
- Aceite vegetal para freír
- 1½ tazas de harina para todo uso sin tamizar
- ½ cucharadita de polvo para hornear
- ½ cucharadita de pimienta negra molida
- ¼ cucharadita de sal
- 2 claras de huevo grandes
- 2 dientes de ajo machacados
- 2 cucharadas de hojas de cilantro frescas picadas

INSTRUCCIONES:

a) En un tazón grande, combine la harina, el polvo para hornear, la pimienta negra molida y la sal.

b) En un tazón pequeño, bata las claras de huevo hasta que estén espumosas; agregue las claras batidas y el agua a la mezcla de harina para crear una masa.

c) Agregue el bacalao rallado, el ajo y las hojas de cilantro fresco picado; revuelva hasta que esté bien combinado.

d) En tandas, vierta cucharadas colmadas de masa en aceite caliente y fría durante 12 minutos.

e) Escurrir sobre toallas de papel y servir tibio en un plato para servir; adorna con cilantro.

52.Buñuelos de pescado y carne de cangrejo

Rinde: 1 porción

INGREDIENTES:

- 12 onzas de bacalao fresco o congelado
- 6 onzas de carne de cangrejo de imitación
- 2 huevos; vencido
- 1/2 taza de harina
- 1 cebolla verde; picado muy fino
- ½ cucharadita de piel de limón finamente rallada
- 1 cucharadita de jugo de limón
- 1 diente de ajo; aplastada
- ¼ cucharadita de sal
- ½ cucharadita de pimienta
- Aceite de cocina

INSTRUCCIONES:

a) En una licuadora o procesador de alimentos, combine el pescado, el cangrejo, los huevos, la harina, la cebolla, la cáscara de limón, el jugo de limón, el ajo, la sal y la pimienta.

b) Cubra y mezcle hasta que quede suave.

c) Engrase ligeramente la sartén y caliente

d) Vierta aproximadamente ¼ de taza de masa en la sartén y extiéndala hasta formar una hamburguesa de 3 pulgadas de diámetro.

e) Cocine por 3 minutos por lado o hasta que esté dorado.

53.Buñuelos de bacalao y almejas y maíz

Rinde: 1 porción

INGREDIENTES:

- 2 Huevos bien batidos
- ¼ taza de líquido de almejas
- ¼ taza de leche
- 1 cucharada de aceite
- 1½ taza de harina
- 1 cucharadita de polvo para hornear
- Sal al gusto
- 1 taza de maíz en grano bien escurrido
- ½ taza de almejas picadas bien escurridas

INSTRUCCIONES:

a) Batir los huevos; agregue la leche, el líquido de las almejas y el aceite y bata hasta que esté bien mezclado.

b) Agregue la harina, el polvo para hornear y la sal al gusto.

c) Batir hasta que esté bien mezclado. Agrega el maíz y las almejas.

d) Vierta cucharadas bien colmadas en el aceite caliente.

e) Cocine hasta que se dore por ambos lados. Escurrir sobre toallas de papel.

54.Buñuelos de caracola

Rinde: 50 porciones

INGREDIENTES:

- 2 libras de caracola, finamente picada
- 1 taza de jugo de lima
- ¼ taza de aceite de oliva
- 1 pimiento verde
- 1 pimiento rojo
- 1 cebolla grande, finamente picada
- 4 huevos batidos
- 2 tazas de harina
- 1 cucharadita de sal
- 1 cucharadita de condimento cajún
- 6 chorritos de salsa tabasco
- 3 cucharaditas de polvo para hornear
- 5 cucharadas de margarina, derretida
- Aceite vegetal para freír

INSTRUCCIONES:

a) Haga que el mercado de pescado pase la caracola por un ablandador.

b) Marine la caracola en 1 taza de jugo de limón y ¼ de taza de aceite de oliva durante al menos 30 minutos; drenar.

c) Mezclar todos los ingredientes.

d) Freír en aceite vegetal CALIENTE hasta que estén dorados, aproximadamente de 3 a 5 minutos.

e) Sirva con salsa cóctel roja o salsa tártara.

55.Buñuelos de almejas enlatados

Rinde: 12 porciones

INGREDIENTES:

- 1 huevo; bien golpeado
- ½ cucharadita de sal
- ⅛ cucharadita de pimienta negra
- ⅔ taza de harina de trigo blanca
- 1 cucharadita de polvo para hornear
- ¼ taza de caldo de almejas o leche en lata
- 1 cucharada de mantequilla; Derretido
- 1 taza de almejas enlatadas picadas; agotado
- Aceite o mantequilla clarificada
- ¼ de taza de crema agria o yogur
- 1 cucharadita de eneldo; estragón o tomillo

INSTRUCCIONES:

a) Mezcle suavemente todos los ingredientes, añadiendo las almejas al final.

b) Coloque 2 cucharadas colmadas por buñuelo en una plancha engrasada caliente o en una sartén de hierro.

c) Cuando se rompan las burbujas dar la vuelta a los buñuelos.

d) Sirva caliente con una cucharada de crema agria con hierbas, yogur o salsa tártara.

56.Buñuelos de cangrejo y aguacate

Rinde: 4 porciones

INGREDIENTES:

- 2 libras de carne de cangrejo
- Sal
- 1 taza de cebollas verdes picadas
- ¼ taza de pan rallado seco
- 1 aguacate mediano, pelado y cortado
- Aceite de maíz para freír
- Harina para todo uso
- Cebolla verde finamente picada
- 2 huevos
- ½ taza de salsa de chile picante

INSTRUCCIONES:

a) Combine el cangrejo, 1 taza de cebollas verdes y el aguacate en un tazón grande.

b) Mezcla los huevos, la salsa y la sal; agregar al cangrejo. Incorpora el pan rallado.

c) Forme bolas de 1½ pulgada con la mezcla.

d) Vierta aceite en una sartén grande hasta una profundidad de 3 pulgadas.

e) Calentar a 350 grados.

f) Espolvorea los buñuelos con harina. Agregue con cuidado el aceite en tandas (sin amontonar) y cocine hasta que estén doradas, aproximadamente 2 minutos por lado.

g) Escurrir sobre toallas de papel.

h) Transfiera a una bandeja preparada y manténgala caliente en el horno hasta que esté todo cocido.

i) Adorne con rodajas de cebolla verde y sirva inmediatamente.

57. Buñuelos de cangrejo

Rinde: 6 porciones

INGREDIENTES:

- 1 taza de colas de cangrejo
- ¼ de taza de pimientos, picados
- ¼ de taza de cebollas verdes, picadas
- 2 tazas de harina
- 1 cucharadita de bicarbonato de sodio
- ½ cucharadita de sal
- ½ cucharadita de cangrejo hervido líquido
- ½ taza de caldo o agua
- Aceite para freír

INSTRUCCIONES:

a) Agregue pimientos y cebollas verdes a los cangrejos.

b) Tamice la harina, el bicarbonato de sodio y la sal y agréguelos a los cangrejos.

c) Agregue caldo o agua y mezcle para hacer una masa espesa. Tapar y dejar reposar ½ hora.

d) Echa la masa a cucharadas y fríe hasta que esté dorada.

58.Buñuelos de almejas

Rinde: 4 porciones

INGREDIENTES:

- Almejas de 1 pinta
- 1 cucharada de polvo para hornear
- 1½ cucharadita de sal
- 1 taza de leche
- 1 cucharada de mantequilla
- 1¾ taza de harina para todo uso
- 1 cucharadita de perejil, picado
- 2 huevos batidos
- 2 cucharaditas de cebolla rallada

INSTRUCCIONES:

a) Combine los ingredientes secos. Combine los huevos, la leche, la cebolla, la mantequilla y las almejas.

b) Combine con los ingredientes secos y revuelva hasta que quede suave.

c) Vierta la masa usando cucharaditas en manteca caliente a 350 grados F y fría durante 3 minutos o hasta que esté dorada.

d) Escurrir sobre papel absorbente.

59.Buñuelos de camarones y maíz de Indonesia

Rinde: 6 porciones

INGREDIENTES:

- 3 mazorcas de maíz raspadas y picadas en trozos grandes
- ½ libra de Camarón Mediano pelado y desvenado,
- 1 cucharadita de ajo picado
- ½ taza de chalotes finamente picados o: Cebollas verdes
- 1 cucharadita de cilantro molido
- ¼ cucharadita de comino molido
- 2 cucharadas de hojas de cilantro picadas
- 2 cucharadas de harina
- 1 cucharadita de sal
- 2 huevos batidos
- Aceite de maní o vegetal para freír
- salsa de chile para mojar

INSTRUCCIONES:

a) En un tazón grande, combine el maíz, los camarones, el ajo, las cebolletas, el cilantro molido, el comino, las hojas de cilantro, la harina, la sal y los huevos.

b) Calienta una fina capa de aceite en una sartén a fuego medio-alto.

c) Vierta ¼ de taza de la mezcla de maíz en la sartén.

d) Agregue tantos como quepan en la sartén con ½ pulgada de espacio entre los buñuelos.

e) Freír hasta que estén dorados y crujientes; doblar.

f) Cocine durante aproximadamente 1 minuto por cada lado. Retirar y escurrir sobre toallas de papel.

g) Mantener caliente mientras se fríen los buñuelos restantes.

60. Buñuelos de langosta

Rinde: 1 porción

INGREDIENTES:

- 1 taza de langosta picada
- 2 huevos
- ½ taza de leche
- 1¼ taza de harina
- 2 cucharaditas de polvo de hornear
- Sal y pimienta para probar

INSTRUCCIONES:

a) Caliente la grasa hasta que un cubo de pan se dore en sesenta segundos. Mientras se calienta la grasa, bata los huevos hasta que estén suaves.

b) Agrega la leche y la harina tamizada con la levadura en polvo, sal y pimienta, y luego incorpora la langosta picada.

c) Echar cucharadas pequeñas en la grasa y freír hasta que estén doradas. Escurrir sobre papel marrón en un horno tibio.

d) Sirva con salsa rápida de limón.

61.Buñuelos de mejillones con salsa

Rinde: 4 porciones

INGREDIENTES:

- 8 mejillones de concha verde; fuera del caparazón
- 6 huevos grandes; ligeramente batido
- 50 mililitros de nata doble
- 10 mililitros de pasta de pescado
- 2 cucharadas de polenta
- 50 gramos de cebolletas; rebanado
- 400 gramos de kumera; hervido y luego pelado
- 1 cebolla morada pequeña; pelado y cortado en rodajas
- 20 mililitros de jugo de lima fresco
- 2 Nashi; núcleo retirado y
- 30 mililitros de aceite de oliva virgen extra

INSTRUCCIONES:

a) Corta los mejillones en cuartos y mézclalos en un bol con los huevos, la nata, el nam pla, la polenta y la mitad de la cebolleta.

b) Por último, mezcle la kumera.

c) Mezcle todos los demás ingredientes para hacer la salsa, incluidas las cebolletas restantes, y déjela reposar durante 30 minutos.

d) Calienta una sartén y unta con aceite, luego haz 4 buñuelos grandes u 8 pequeños.

e) Cocine hasta que se dore por un lado, luego dé vuelta y cocine por el otro lado.

62.Buñuelos de pulpo

Rinde: 8 porciones

INGREDIENTES:

- 2 pulpos de aproximadamente 1 1/2 libras cada uno
- 1 cucharadita de sal
- 2 cuartos de agua
- 2 cuartos de agua helada con hielo
- 2 cebollas medianas, peladas y picadas
- 2 huevos batidos
- 1 taza de harina o más según sea necesario
- Sal y pimienta para probar
- Aceite para freír

INSTRUCCIONES:

a) Coloque el pulpo en una tetera grande con agua con sal que hierva rápidamente.

b) Cocine a fuego medio-alto durante unos 25 minutos. Escurrir y sumergir en un recipiente lleno de hielo y agua helada.

c) Con un cepillo grueso, quite la piel morada. Cortar las piernas y picarlas finamente.

d) Deseche las cabezas. En un bol mezcle la cebolla, los huevos, la harina, la sal y la pimienta.

e) Agrega el pulpo picado y mezcla bien.

f) Forme hamburguesas planas con la mezcla de 2½ a 3 pulgadas.

g) Calienta aproximadamente ½ pulgada de aceite en una sartén grande y pesada y fríe los buñuelos de pulpo hasta que estén bien dorados por ambos lados.

h) Servir inmediatamente.

63.buñuelo de camarones

Rinde: 8 porciones

INGREDIENTES:

- ½ taza de leche
- ½ taza de harina con levadura
- 1 taza de camarones crudos; Cortado
- 1 taza de arroz cocido
- 1 huevo
- ½ taza de cebollas verdes; Cortado
- Sal y pimienta para probar

INSTRUCCIONES:

a) Mezclar todos los ingredientes.

b) Vierta una cucharadita en aceite de cocina caliente y fría hasta que estén doradas.

c) Servir como aperitivo.

64.Buñuelos de maíz y ostras

Rinde: 1 porción

INGREDIENTES:

- 2 tazas de pulpa de maíz
- 2 huevos, separados
- ¼ cucharadita de pimienta
- 2 cucharadas de harina
- ½ cucharadita de sal

INSTRUCCIONES:

a) Se puede utilizar maíz fresco o enlatado.

b) A la pulpa de maíz agrega las yemas de huevo batidas, la harina y el condimento.

c) Añadimos las claras batidas a punto nieve y trituramos.

d) Deje caer cucharadas del tamaño de una ostra en una sartén caliente untada con mantequilla y dore.

65.Buñuelos de atún

Rinde: 3 porciones

INGREDIENTES:

- 1 taza de harina
- 1 cucharadita de polvo para hornear
- ½ cucharadita de sal
- 2 huevos
- ¼ taza de leche
- 1 lata de atún, escurrido y desmenuzado
- 6 1/2 o 7 oz. tamaño
- Hojuelas de cebolla seca
- Aceite para freír

INSTRUCCIONES:

a) Tamice la harina, el polvo para hornear y la sal en un tazón.

b) Batir bien los huevos. Batir la leche.

c) Combine los ingredientes líquidos con los ingredientes secos.

d) Revuelva hasta que toda la harina esté humedecida. Agrega el atún.

e) Deje caer cucharaditas en aceite caliente, 375 grados. Freír hasta que estén dorados por todos lados. Escurrir sobre toallas de papel.

FRITTERES DE CARNE Y AVES

66.buñuelos de pollo

Rinde: 6 porciones

INGREDIENTES:
- 2 tazas de pollo; cocido finamente picado
- 1 cucharadita de sal
- 2 cucharaditas de perejil fresco picado
- 1 cucharada de jugo de limón
- 2 huevos; minutos batidos tiempo de cocción
- 1¼ taza de harina
- 2 cucharaditas de polvo de hornear
- ⅔ taza de leche

SALSA DE MOSTAZA Y MIEL
- 1 taza de mostaza seca
- 1 taza de vinagre de vino blanco
- ¾ taza de miel
- ¼ cucharadita de sal

INSTRUCCIONES:

a) En un tazón grande, mezcle el pollo con sal, perejil y jugo de limón. Reservar durante 15 minutos.

b) En otro tazón grande, combine la harina, el polvo para hornear, el huevo y la leche. Revuelva para mezclar bien.

c) Agregue la mezcla de harina al pollo y mezcle bien.

d) Eche la masa a cucharadas en aceite caliente y fría en tandas sin que se amontonen durante 2 minutos, hasta que se doren.

e) Escurrir sobre toallas de papel.

f) Combine los ingredientes de la mostaza con miel y sirva como salsa para mojar.

67.Buñuelos de carne con trozos

Rinde: 5 porciones

INGREDIENTES:

- 2 libras de carne asada cocida sin condimentar
- 6 cucharadas de leche
- 1 cucharada de harina para todo uso sin blanquear
- 3 huevos grandes, batidos
- 1½ taza de harina con levadura
- 4 cucharaditas de sal
- ¼ cucharadita de pimienta

INSTRUCCIONES:

a) Combine la leche y la harina; agregue los huevos. Combine la harina con levadura, la sal y la pimienta.

b) Sumerja los trozos de rosbif en la mezcla de huevo y espolvoréelos con la mezcla de harina.

c) Freír en grasa profunda caliente hasta que se doren y estén completamente calientes. Escurrir sobre toallas de papel absorbente y servir caliente.

68. Buñuelos de maíz fresco y salchichas

Rinde: 24 porciones

INGREDIENTES:

- 1 taza de harina para todo uso, tamizada
- 1 cucharadita de polvo para hornear
- 1 cucharadita de sal
- ⅛ cucharadita de pimienta
- ¼ cucharadita de pimentón
- 1 taza de salchicha, cocida y desmenuzada
- 1 taza de mazorca de maíz fresco
- 2 yemas de huevo batidas
- 2 cucharadas de leche
- 2 claras de huevo batidas a punto de nieve
- Aceite para freír

INSTRUCCIONES:

a) Tamice la harina, el polvo para hornear y las especias en un tazón. Agrega la salchicha, el maíz, las yemas de huevo y la leche; mezcle hasta que se mezclen.

b) Doblar las claras de huevo batidas.

c) Vierta cucharaditas colmadas en aceite calentado a 360 - 365 grados.

d) Cocine de 3 a 5 minutos, hasta que se dore por todos lados. Escurrir sobre toallas de papel.

69.Buñuelos de maíz para hot dog

Hace: 6 nietos

INGREDIENTES:

- 6 huevos; apartado
- 12 onzas de maíz con pimiento
- 6 perritos calientes
- ½ taza de harina para todo uso
- ½ cucharadita de sal
- 1 cucharada de jerez para cocinar

INSTRUCCIONES:

a) Batir las yemas hasta que estén ligeras y esponjosas; agrega el maíz, las salchichas cortadas en cubitos, la harina, la sal y el jerez. Mezclar muy bien.

b) Batir las claras hasta que formen picos. Incorpora las claras a la mezcla de hot dog, teniendo cuidado de que no pierdan el aire.

c) Freír en una plancha caliente ligeramente engrasada como lo haría con un panqueque, usando aproximadamente ¼ de taza de la mezcla por pastel.

d) Sirva de inmediato, bien caliente.

70.buñuelos de carne coreanos

Rinde: 4 porciones

INGREDIENTES:

- 2 libras de filete de punta de solomillo
- 3 ramitas de cebolla verde, picada
- 2 cucharadas de aceite de semilla de sésamo
- 2 cucharaditas de semillas de sésamo
- ½ taza de salsa de soja
- 1 diente de ajo, picado
- 1 pizca de pimienta negra
- 5 huevos

SALSA

- 2 cucharadas de salsa de soja
- 1 cucharadita de cebolla verde picada
- 1 cucharadita de semillas de sésamo
- 1 cucharadita de vinagre
- 1 cucharadita de azúcar

INSTRUCCIONES:

a) Mezclar todos los ingredientes de la salsa.

b) Combine todos los demás ingredientes excepto los huevos y remoje la carne en salsa durante una hora.

c) Enharinar la carne y pasarla por huevo ligeramente batido y freír a fuego medio hasta que se dore.

d) Servir caliente con salsa.

BUÑUELOS DE QUESO

71. Buñuelos de parmesano y mozzarella

Rinde: 4 porciones

INGREDIENTES:

- 1 diente de ajo; Cortado
- 2 mozzarellas maduras; rallado
- 1 huevo pequeño; vencido
- Unas hojas de albahaca fresca
- 70 gramos de parmesano; rallado
- 2 cucharadas de harina común
- Sal y pimienta

INSTRUCCIONES:

a) Mezclar la mozzarella, el ajo, la albahaca, el parmesano y los condimentos y unir con un huevo batido. Agrega un poco de harina, dale forma y reposa en el frigorífico durante 30 minutos aproximadamente.

b) Cubrir ligeramente con harina antes de freír.

c) La mezcla debe quedar bastante blanda porque se endurece después de haber reposado en el frigorífico el tiempo necesario.

d) El aceite de la sartén no debe estar demasiado caliente, de lo contrario los buñuelos se quemarán por fuera y quedarán fríos por dentro.

72.Buñuelos de queso de Basilea

Rinde: 1 porción

INGREDIENTES:

- 4 rebanadas de pan
- 1 onza de mantequilla
- 3 cebollas
- 4 rebanadas de gruyere
- Pimenton

INSTRUCCIONES:

a) Freír el pan por ambos lados en mantequilla y colocarlo en una bandeja para horno.

b) Vierta agua hirviendo sobre la cebolla finamente picada y déjela por un momento.

c) Retirar el agua y sofreír las cebollas en los restos de mantequilla hasta que estén tiernas.

d) Unte la cebolla finamente sobre el pan y cubra cada rebanada con una rebanada de queso.

e) Espolvoree con pimentón y hornee en un horno muy caliente (445 grados F/marca de gas 8) hasta que el queso se derrita. Servir de inmediato.

73.Buñuelos de hierbas con salsa de yogur y albaricoque

Rinde: 6 porciones

INGREDIENTES:

- 3 huevos; ligeramente batido
- 150 gramos de mozzarella; rallado
- 85 gramos de parmesano recién rallado
- 125 gramos de pan rallado fresco
- ½ cebolla morada; picado muy fino
- ¼ cucharadita de hojuelas de chile rojo
- 2 cucharadas de mejorana fresca
- 2 cucharadas de cebollino picado en trozos grandes
- 5 cucharadas de perejil de hoja plana picado
- 1 Puñado de hojas de rúcula; picado en trozos grandes
- 1 puñado de hojas tiernas de espinaca; Cortado
- Sal, pimienta y aceite de girasol.
- Tarrina de 500 gramos de yogur griego
- 12 orejones listos para comer; finamente cortado en cubitos
- 2 dientes de ajo y menta fresca picada

INSTRUCCIONES:

a) Mezcle los ingredientes de los buñuelos, excepto el aceite y la mantequilla, hasta que estén espesos y bastante sólidos. Unir con pan rallado si está húmedo.

b) Mezcle los ingredientes de la salsa justo antes de usar.

c) Vierta 1 cm/ ½" de aceite en una sartén, agregue la mantequilla y caliente hasta que esté nebulosa.

d) Moldear los buñuelos de forma ovalada, presionando firmemente con la mano para compactarlos.

e) Freír en aceite durante 2-3 minutos hasta que estén crujientes.

74. Buñuelos de queso de Berna

Rinde: 1 porción

INGREDIENTES:

- 8 onzas de queso gruyere rallado
- 2 huevos
- 2½ onzas líquidas de leche
- 1 cucharadita de kirsch
- Grasa para freír
- 6 rebanadas de pan

INSTRUCCIONES:

a) Mezclar el queso rallado con las yemas, la leche y el Kirsch. Incorporar las claras batidas y esparcir la mezcla sobre el pan.

b) Caliente la grasa en una sartén grande y coloque el pan, con el queso hacia abajo, en la grasa caliente.

c) Cuando las rodajas estén doradas, darles la vuelta y freírlas brevemente por el otro lado.

75.Buñuelos de frijoles, maíz y queso cheddar

Rinde: 5 porciones

INGREDIENTES:

- ½ taza de harina de maíz amarilla
- ½ taza de harina blanca sin blanquear
- ½ cucharadita de polvo para hornear
- Una pizca de comino molido, cayena, sal y chile en polvo
- ½ taza de leche
- 1 yema de huevo y 2 claras de huevo
- 1 taza de frijoles negros; cocido
- 1 taza de queso cheddar fuerte
- ½ taza de maíz fresco; o granos de maíz congelados
- 2 cucharadas de cilantro; fresco picado
- Pimiento rojo y chiles verdes, asados

INSTRUCCIONES:

a) Mezcle la harina de maíz, la harina, el polvo para hornear, la sal, el chile en polvo, el comino y la cayena en un tazón mediano.

b) Batir la leche con la yema de huevo y añadirla a los ingredientes secos mezclando bien.

c) Agregue los frijoles, el queso, el maíz, el cilantro, el pimiento rojo y los chiles verdes.

d) Incorpora suavemente las claras de huevo.

e) Calienta ½ taza de aceite en una sartén de 10 pulgadas a fuego medio-alto.

f) Vierta aproximadamente ¼ de taza de masa para cada buñuelo y fría hasta que estén dorados.

76.Buñuelos de mozzarella y espaguetis

Rinde: 2 porciones

INGREDIENTES:

- 2 dientes de ajo
- 1 manojo pequeño de perejil fresco y 3 cebollas para ensalada
- 225 gramos de carne magra de cerdo picada
- Parmesano recién rallado y mozzarella ahumada
- 150 gramos Espaguetis o tallarines
- 100 mililitros de caldo de res caliente
- Lata de 400 gramos de tomates picados
- 1 pizca de Azúcar y 1 chorrito de Salsa de Soja
- Sal y pimienta
- 1 Huevo y 1 cucharada de Aceite de Oliva
- 75 mililitros de leche
- 50 gramos de harina común; además, extra para quitar el polvo

INSTRUCCIONES:

a) Mezclar el ajo, la cebolla para ensalada, el ajo, el parmesano, el perejil y mucha sal y pimienta. Forme ocho bolas firmes.

b) Calienta el aceite en una sartén grande y cocina las albóndigas. Vierta el caldo.

c) Cocine los tomates picados, el azúcar, la sal y la pimienta y agréguelos a las albóndigas.

d) Batir el aceite, la leche, la harina y un poco de sal con la yema hasta obtener una masa espesa y suave.

e) Cortar la mozzarella en rodajas finas y luego espolvorear con harina.

f) Agregue las yemas de huevo y agregue las claras batidas.

g) Sumerja las rodajas de mozzarella enharinadas en la masa y cocine durante dos minutos por cada lado hasta que estén crujientes y doradas.

77. Buñuelos de queso emmental

Rinde: 1 porción

INGREDIENTES:

- 1 rebanada grande de pan
- 1 loncha jamón
- 1 cucharada de mantequilla
- 1 loncha queso emmenthal
- Sal pimienta
- 1 huevo

INSTRUCCIONES:

a) Tuesta ligeramente el pan.

b) Freír brevemente el jamón, colocarlo sobre pan, cubrir con queso y sazonar.

c) Colocar en un horno bastante caliente y dejar que el queso se derrita o en una sartén tapada encima de la olla.

d) En el último momento, cubra el queso con un huevo frito.

78.Buñuelos de harina de maíz y queso cheddar

Rinde: 1 porción

INGREDIENTES:

- 1 taza de harina de maíz
- 1 taza de queso cheddar rallado
- ½ taza de cebolla rallada
- ¼ de taza de pimiento rojo picado
- 1 cucharadita de sal
- Cayena, al gusto
- ¾ taza de agua hirviendo
- Aceite vegetal para freír
- Salsa picante estilo Luisiana, por ejemplo, marca Crystal

INSTRUCCIONES:

a) En un tazón combine la harina de maíz, el queso cheddar, la cebolla, el pimiento morrón, la sal y la cayena.

b) Agregue agua hirviendo y mezcle bien. En una sartén profunda y pesada o en una freidora, caliente 3 pulgadas de aceite vegetal a 350 F.

c) Echa 6 cucharadas de la masa en el aceite y fríe durante 2-3 minutos o hasta que estén doradas.

79.Buñuelos de camembert

Rinde: 10 porciones

INGREDIENTES:

- 3 cucharadas de mantequilla/margarina
- 3 cucharadas de harina para todo uso
- 1 taza de leche
- 4 onzas de queso camembert
- Sal al gusto
- pimienta de cayena al gusto
- 1 huevo grande
- 1 cucharada de mantequilla/margarina
- ½ taza de pan rallado fino

INSTRUCCIONES:

a) Derrita la mantequilla en una cacerola pesada a fuego medio. calor.

b) Incorpora rápidamente la harina. Agrega la leche poco a poco, revolviendo bien.

c) Llevar a ebullición, agregar el queso a la salsa y revolver hasta que se derrita.

d) Agrega sal y pimienta de cayena al gusto.

e) Extienda la mezcla de ¾ de pulgada de espesor en una bandeja para hornear. Corta la mezcla de queso en cuadritos.

f) Batir los huevos con el agua.

g) Enrolle los trozos de queso en el pan rallado y luego sumérjalos en la mezcla de huevo.

h) Vuelva a enrollarlos en las migajas y sacuda el exceso de migajas.

i) Echa los trozos de queso de a pocos en el aceite.

j) Freír hasta que estén dorados.

80. Buñuelos de coliflor y queso cheddar

Rinde: 24 porciones

INGREDIENTES:

- 1½ tazas de harina para todo uso
- 2 cucharaditas de polvo de hornear
- ½ cucharadita de sal
- 2 tazas de coliflor picada
- 1 taza de queso cheddar rallado
- 1 cucharada de cebolla picada
- 1 huevo grande
- 1 taza de leche
- Aceite vegetal

INSTRUCCIONES:

a) Combine los primeros 3 ingredientes en un tazón grande; agregue la coliflor, el queso y la cebolla.

b) Batir el huevo y la leche. Agregue a la mezcla de harina, batiendo hasta que se humedezca.

c) Vierta aceite vegetal a una profundidad de 2 pulgadas en una olla; Caliente a 375 grados F. Coloque la masa en cucharadas redondeadas en aceite y fría durante 1 minuto por cada lado o hasta que los buñuelos estén dorados.

d) Escurrir bien sobre toallas de papel y servir inmediatamente.

81.Buñuelos de patatas rellenos de queso

Rinde: 5 porciones

INGREDIENTES:

- 2 libras de papas para hornear, cocidas
- ⅓ taza de mantequilla, ablandada
- 5 yema de huevo
- 2 cucharadas de perejil
- 1 cucharadita de sal
- ½ cucharadita de pimienta
- Nuez moscada pizca
- 4 onzas de queso mozzarella
- Harina para todo uso
- 2 huevos grandes, ligeramente batidos
- 1½ tazas de pan rallado italiano

INSTRUCCIONES:

a) Combine las papas y la mantequilla en un tazón grande; batir a velocidad media con una batidora eléctrica hasta que quede suave.

b) Agrega las yemas y los siguientes 4 ingredientes, revolviendo bien. Divida la mezcla de papa en 10 porciones.

c) Envuelva cada porción alrededor de una rebanada de queso; dándole forma de óvalo.

d) Espolvorea ligeramente cada uno con harina; sumergir en huevo batido y rebozar en pan rallado italiano.

e) Refrigere por 20 minutos.

f) Vierta el aceite a una profundidad de 4 pulgadas en una olla. Calienta a 340 grados.

g) Freír los buñuelos de a poco, durante 8 minutos, volteándolos una vez.

82.Buñuelos de pera y cheddar

Rinde: 1 porción

INGREDIENTES:

- 4 peras Bartlett medianas; pelado
- 16 rebanadas de queso cheddar fuerte
- ½ taza de harina para todo uso
- 2 huevos grandes; batido para mezclar
- 2 tazas de pan rallado blanco fresco

INSTRUCCIONES:

a) Corta 3 rodajas verticales finas de lados opuestos de cada pera; descartar los núcleos.

b) Alternando rebanadas de pera y queso, coloque 2 rebanadas de queso entre 3 rebanadas de pera para cada uno de los 8 buñuelos. Manteniendo cada sándwich de queso y pera firmemente unido, cúbralo ligeramente con harina, luego con huevos y luego con pan rallado, cubriendo completamente y presionando las migajas para que se adhieran.

c) Vierta el aceite en una sartén grande y pesada hasta una profundidad de 1 pulgada y caliente a 350F.

d) Cocine los buñuelos en tandas hasta que estén dorados, volteándolos con una espumadera, aproximadamente 2 minutos por lado.

e) Escurrir sobre toallas de papel.

83.Buñuelos de ricota y castañas

Rinde: 4 porciones

INGREDIENTES:

- 1 taza de ricota fresca
- 3 huevos grandes
- ½ taza de queso parmigiano-reggiano
- ¼ taza de harina de castaña
- 1 taza de castañas asadas finamente picadas
- 1 lata filetes de anchoa
- 6 dientes de ajo; picado muy fino
- ½ taza de aceite de oliva virgen extra
- 6 cucharadas de mantequilla sin sal
- 1 litro de aceite de oliva puro

INSTRUCCIONES:

a) En un tazón grande, coloque el queso ricotta, 2 huevos y ½ taza de Parmigiano-Reggiano y mezcle bien.

b) Con las manos mezcle la harina de castañas hasta que se forme una masa suave parecida a una galleta.

c) En un tazón pequeño bata el huevo restante.

d) Tome una pequeña cantidad de la mezcla de ricotta y haga una bola de 2 pulgadas.

e) Cubrir con cuidado la bola con el huevo batido y, aún húmeda, rebozarla con las castañas picadas.

f) Mientras tanto, combine las anchoas con su jugo, el ajo y ½ taza de aceite de oliva en una cacerola pequeña y revuelva a fuego medio.

g) Triture las anchoas hasta obtener una pasta. Agregue la mantequilla 1 cucharada a la vez hasta que se derrita y quede suave.

h) Freír las bolitas de ricotta en aceite caliente hasta que estén doradas.

84.Buñuelos de queso gruyere

Rinde: 1 porción

INGREDIENTES:

- 4 rebanadas de pan tostado, cada una de 1 3/8 pulgadas de grosor
- 2½ onzas líquidas de vino blanco
- 5½ onzas de queso gruyere rallado
- 1 huevo
- Pimenton
- Pimienta

INSTRUCCIONES:

a) Humedece las tostadas con un poco de vino y colócalas en una bandeja para horno.

b) Mezclar el resto del vino con el queso, el huevo y las especias hasta obtener una pasta bastante espesa y esparcir sobre la tostada.

c) Espolvorea con más pimentón y pimienta.

d) Hornee brevemente en un horno muy caliente (445 grados F/marca de gas 8) hasta que el queso comience a derretirse, sirva de inmediato.

BUÑUELOS DE GRANOS Y LEGUMBRES

85.Buñuelos rápidos de arroz integral

Rinde: 6 porciones

INGREDIENTES:

- 2 tazas de arroz integral cocido de grano corto
- ½ taza de azúcar
- 3 huevos; vencido
- ½ cucharadita de sal
- ¼ cucharadita de vainilla
- 6 cucharadas de harina
- ½ cucharadita de nuez moscada
- 3 cucharaditas de polvo para hornear

INSTRUCCIONES:

a) Combine el arroz, los huevos, la vainilla y la nuez moscada y mezcle bien.

b) Tamice los ingredientes secos y revuélvalos con la mezcla de arroz.

c) Coloque cucharadas en grasa profunda caliente (360) y fría hasta que se dore.

d) Escurrir sobre papel absorbente, espolvorear con azúcar glass y servir caliente.

86. Frituras de maíz

Rinde: 4 porciones

INGREDIENTES:

- 10 onzas estilo crema congelada gigante verde
- aceite de maiz para freir
- ½ taza de harina
- ½ taza de harina de maíz amarilla
- 1 cucharadita de polvo para hornear
- 1 cucharadita de cebolla picada instantánea
- ½ cucharadita de sal
- 2 huevos

INSTRUCCIONES:

a) Coloque la bolsa de maíz sin abrir en agua tibia durante 10 a 15 minutos para que se descongele.

b) En una freidora o una cacerola pesada, caliente de 2 a 3 pulgadas de aceite a 375 grados. En un tazón mediano, combine el maíz descongelado y los ingredientes restantes; revuelva hasta que esté bien combinado.

c) Deje caer la masa por cucharadas rasas en aceite caliente, 375 grados. Freír de 2 a 3 minutos o hasta que estén dorados. Escurrir sobre una toalla de papel

87. Buñuelos de guisantes de ojo negro

Rinde: 20 porciones

INGREDIENTES:

- ½ libra de guisantes de ojo negro, remojados
- 4 dientes de ajo machacados cada uno
- 2 cucharaditas de sal
- 1 cucharadita de pimienta negra
- 4 cucharadas de agua
- Aceite para freír
- Jugo de lima al gusto

INSTRUCCIONES:

a) Cuando los guisantes se hayan ablandado, quíteles la piel y déjelos en remojo durante 30 minutos más.

b) Escurrir y enjuagar.

c) En un procesador de alimentos, procese los guisantes, el ajo, la sal y la pimienta.

d) Agregue agua mientras continúa procesando.

e) Agregue suficiente agua para obtener un puré suave y espeso.

f) Precalienta el horno a 250F. En una sartén grande, caliente de 2 a 3 pulgadas de aceite y fría 1 tarrina de la masa hasta que esté dorada.

g) Repita hasta que toda la masa esté frita de esta manera. Reservar en el horno para que se mantenga caliente.

h) Sirva bien caliente, espolvoreado con sal y jugo de limón.

88. Croquetas de arroz

Rinde: 12 porciones

INGREDIENTES:

- 1 paquete de levadura seca
- 2 cucharadas de agua tibia
- 1½ tazas de arroz cocido; enfriado
- 3 huevos; vencido
- 1½ taza de harina
- ½ taza de azúcar
- ½ cucharadita de sal
- ¼ cucharadita de nuez moscada
- Grasa para freír
- Azúcar glas

INSTRUCCIONES:

a) Disolver la levadura en agua tibia. Mezclar con arroz y dejar reposar en un lugar cálido durante la noche.
b) Al día siguiente, incorpora los huevos, la harina, el azúcar, la sal y la nuez moscada.
c) Agregue más harina si es necesario para hacer una masa espesa.
d) Caliente la grasa a 370 grados o hasta que un cubo de pan de 1 pulgada se dore en 60 segundos.
e) Vierta la masa de una cucharada en grasa caliente y fría hasta que esté dorada, aproximadamente 3 minutos.
f) Escurrir sobre toallas de papel y espolvorear con azúcar glass. Servir caliente

89.Buñuelos de arándanos/maíz

Rinde: 6 porciones

INGREDIENTES:

- ⅔ taza de harina
- ⅓ taza de maicena
- 2 cucharadas de azúcar
- 1 cucharadita de polvo para hornear
- ½ cucharadita de sal
- ¼ cucharada de nuez moscada molida
- ⅓ taza de leche
- 2 huevos, separados
- Aceite vegetal
- 1½ taza de arándanos
- Azúcar y miel de repostería

INSTRUCCIONES:

a) En un tazón mediano, mezcle la harina, la maicena, el azúcar, el polvo para hornear, la sal y la nuez moscada.

b) En una taza medidora de 2 tazas, mezcle la leche, las yemas de huevo y el aceite. Vierta en la mezcla de harina. Mezclar bien. La masa quedará dura.

c) Agrega los arándanos. Dejar de lado.

d) En un tazón pequeño con una batidora a velocidad alta, bata las claras de huevo hasta que se formen picos rígidos.

e) Con una espátula de goma, incorpora suavemente la mitad de las claras de huevo batidas a la masa hasta que estén bien mezcladas. Luego incorpora las claras de huevo batidas restantes a la masa,

f) Agregue con cuidado la masa para buñuelos a cucharadas, unas pocas a la vez, al aceite caliente. Freír durante 3-4 minutos, volteando una vez, o hasta que los buñuelos estén dorados.

90.Buñuelos de garbanzos con salsa de pera

Rinde: 1 porción

INGREDIENTES:

- 1½ tazas de garbanzos cocidos, escurridos
- 1 cucharadita de sal
- 1 papa mediana de Idaho
- 1 cebolla pequeña, rallada gruesa
- 1 cucharada de harina
- 2 cucharaditas de salsa de pimiento picante
- 3 claras de huevo, ligeramente batidas
- 2 tomates pera italianos
- 2 peras firmes peladas, sin corazón y cortadas en cubitos
- 1 cucharada de jugo de limón fresco
- 6 cebollines grandes, picados
- 1 cucharada de chiles jalapeños
- 1 cucharada de vinagre de vino de Jerez
- 1 cucharadita de miel

INSTRUCCIONES:

a) En un tazón mediano, combine la papa, la cebolla, la harina y la salsa de pimiento picante.

b) Mezclar bien para mezclar. Agrega los garbanzos y las claras de huevo y mezcla.

c) Deje caer cucharadas redondeadas de la masa en la sartén, dejando espacio para que se esparzan.

d) Cocine a fuego moderado alto hasta que estén dorados.

e) Sirva con salsa picante de pera.

91. Buñuelos de maíz con salsa picante

Rinde: 8 porciones

INGREDIENTES:
- 2 huevos grandes; vencido
- ¾ taza de leche
- 1 cucharadita de comino molido
- 2 tazas de harina
- Sal y pimienta para probar
- 2 tazas de granos de maíz
- 3 cucharadas de perejil; Cortado

SALSA DE NARANJA PICANTE
- ½ taza de mermelada de naranja
- 1⅜ taza de jugo de naranja fresco
- 1 cucharada de jengibre; rallado
- ½ cucharadita de mostaza estilo Dijon

INSTRUCCIONES:

a) En un bol batir los huevos y la leche. En otro bol, mezcla el comino sobre la harina.

b) Sazone bien con sal y pimienta.

c) Batir la mezcla de huevo con la harina con un batidor.

d) Agregue el maíz y el perejil. Calienta el aceite a 375°.

e) Deje caer la mezcla de maíz en la grasa caliente sin abarrotar la sartén.

f) Freír, volteando una vez, hasta que estén doradas.

g) Retirar y escurrir sobre toallas de papel. Combine los ingredientes de la salsa y sirva.

92.Buñuelos de garbanzos con cuscús

Rinde: 1 porción

INGREDIENTES:

- 7 onzas de cuscús, cocido
- ½ pepino pequeño
- 2 tomates pera; (pelado, sin semillas, cortado en cubitos)
- 1 lima
- 6 cebollas verdes; recortado
- 1 lata (14 oz) de garbanzos escurridos y enjuagados
- ½ cucharadita de cilantro o cilantro y menta
- 1 chile rojo; sin semillas y finamente picado
- 1 diente de ajo
- Harina común para espolvorear
- 5 onzas de yogur FF
- Sal y pimienta recién molida
- Pimentón/Comino al gusto

INSTRUCCIONES:

a) Agrega los tomates y el perejil al cuscús. Corta la lima por la mitad y exprime el jugo.

b) Picar finamente las cebolletas en cuscús.

c) Agregue comino, cilantro/cilantro, chile y hojas de cilantro/cilantro.

d) Picar el diente de ajo y añadir. Coloque el pepino en un tazón y agregue el yogur, la menta picada y agregue abundante condimento. Mezclar bien

e) Forme 6 hamburguesas con la mezcla de garbanzos y espolvoree ligeramente con harina.

f) Agrega a la sartén y cocina por unos minutos.

93.Buñuelos de maíz y pimiento

Rinde: 12 buñuelos

INGREDIENTES:

- 1¼ taza de maíz, grano entero, fresco o congelado
- 1 taza de pimiento rojo; picado muy fino
- 1 taza de cebolletas; picado muy fino
- 1 cucharadita de jalapeño; finamente picado
- 1 cucharadita de comino molido
- 1¼ taza de harina
- 2 cucharaditas de polvo de hornear
- Sal; probar
- Pimienta negra; probar
- 1 taza de leche
- 4 cucharadas de aceite

INSTRUCCIONES:

a) Coloque el maíz en un tazón junto con el pimiento picado, las cebolletas y el pimiento picante.

b) Espolvorea con el comino, la harina, el polvo para hornear, la sal y la pimienta; revuelva para mezclar.

c) Agregue la leche y revuelva para mezclar bien.

d) Vierta la masa en tandas de ¼ de taza en la sartén y cocine hasta que estén doradas por ambos lados, aproximadamente 2 minutos cada una.

BUÑUELOS DE POSTRE

94.Buñuelos choux

Rinde: 1 porción

INGREDIENTES:

- ½ taza de mantequilla o margarina
- 1 taza de agua hirviendo
- ¼ cucharadita de sal
- 1¾ taza de harina
- 4 huevos
- 4 tazas de aceite vegetal
- Azúcar granulada

INSTRUCCIONES:

a) Combine la mantequilla, el agua hirviendo, la sal y la harina en una cacerola a fuego moderado.

b) Batir la mezcla enérgicamente hasta que se desprenda de los lados del molde y forme una bola.

c) Retirar del fuego y enfriar un poco. Vierta en una batidora o procesador de alimentos con hoja de acero y agregue los huevos uno a la vez, batiendo bien después de cada adición.

d) Cuando se hayan agregado todos los huevos y la mezcla esté espesa, debe mantener su forma cuando se levanta con una cuchara.

e) Sumerja una cucharada primero en aceite caliente y luego en masa.

f) Con cuidado, coloque cucharadas de masa en aceite caliente y cocine hasta que se doren por todos lados.

g) Retirar del aceite con una espumadera y escurrir sobre toallas de papel.

95. Buñuelos de pudín navideño

Rinde: 1 porción

INGREDIENTES:

- 25 gramos de harina con levadura
- Cerveza de 125 mililitros
- 125 mililitros de leche
- 125 mililitros de agua fría
- 1 pudín navideño sobrante
- 1 harina común
- 1 freidora con aceite

INSTRUCCIONES:

a) Combine los primeros cuatro ingredientes para hacer una masa. Reservar durante 20 minutos.

b) Calentar la freidora a 180C.

c) Cortar el pudín en cubos o dedos, pasarlo por la harina y luego sumergirlo en la masa. Freír hasta que estén doradas.

d) Escurrir sobre el paño de cocina y servir.

96.buñuelos franceses

Rinde: 1 porción

INGREDIENTES:

- 2 huevos; apartado
- ⅔ taza de leche
- 1 taza de harina; tamizado
- ½ cucharadita de sal
- 1 cucharada de mantequilla; Derretido
- 2 cucharadas de jugo de limón
- 1 limón; corteza rallada
- 2 cucharadas de azúcar
- 4 manzanas o naranjas, piña
- higos o peras

INSTRUCCIONES:

a) Espolvorea las rodajas de fruta de tu elección con la ralladura de limón y el azúcar y deja reposar de 2 a 3 horas.

b) Escurrir y sumergir en la fina masa para buñuelos.

c) Masa: Batir con una batidora las yemas de huevo, la leche, la harina, la mantequilla salada y el jugo de limón.

d) Incorporar las claras batidas a punto nieve.

e) Freír en grasa profunda 375

f) Escurrir y servir caliente con almíbar o salsa dulce.

97.Suvganiot

Rinde: 20 o 25

INGREDIENTES:

- 1 taza de agua tibia
- 1 paquete de levadura seca
- 1 cucharada de azúcar
- 4 tazas de harina para todo uso
- 1 taza de leche tibia
- 1 cucharada de mantequilla sin sal (derretida)
- 1 cucharada de aceite
- 1 huevo
- 2 cucharaditas de sal
- 3 cucharadas de azúcar
- Mermelada a tu gusto
- Azúcar y canela para espolvorear

INSTRUCCIONES:

a) Mezclar los ingredientes de la levadura y dejar reposar durante 10 minutos.
b) Mezclar la mezcla de levadura con todos los ingredientes menos la harina.
c) Mezclar lentamente la harina y trabajar bien. Dejar reposar durante 3 horas.
d) Freír en aceite caliente y profundo, midiendo la masa con una cuchara grande.
e) Voltéelo una vez para que se dore uniformemente.
f) Escurrir sobre toallas de papel.
g) Cuando esté frío rellenar con la mermelada y espolvorear con azúcar y canela.

98. Buñuelos de vino

Rinde: 4 porciones

INGREDIENTES:

- 4 rollos tipo palito
- 200 gramos de Harina (1 3/4 tazas)
- 2 huevos
- ¼ litro de leche
- 1 pizca de sal
- Grasa para freír
- ½ litro de vino o sidra
- Azúcar al gusto

INSTRUCCIONES:

a) Combine la harina, los huevos, la leche y la sal en una masa.

b) Corta los rollitos en 4 rodajas.

c) Sumerja las rodajas en la masa y luego fríalas hasta que estén doradas.

d) Coloque los buñuelos en un tazón y vierta vino o sidra caliente y endulzado sobre ellos.

e) Dales tiempo para que absorban el vino antes de servir.

99.Buñuelos de canela

Rinde: 1 porción

INGREDIENTES:

- 1 taza de agua caliente
- ⅓ taza de manteca vegetal
- 2 tazas de harina
- ½ taza de azúcar
- 1 cucharada de canela
- Sal
- 2 cucharaditas de polvo de hornear
- Aceite para freír
- ¼ de canela
- ½ taza de azúcar ricino

INSTRUCCIONES:

a) Derrita la manteca en el agua caliente. Agregue la harina, el azúcar, la canela, la sal y el polvo para hornear. Mezclar bien.

b) Forma una bola y deja enfriar la masa durante al menos 1 hora.

c) Caliente 1 "de aceite vegetal a 375 en una freidora o sartén. Separe pequeños trozos de masa y forme bolas.

d) Freír durante 3-4 minutos hasta que se dore.

e) Sacar del aceite caliente con una espumadera. Escurrir sobre toallas de papel y dejar enfriar unos minutos sobre la rejilla.

f) Mezclar la canela y el azúcar en un bol.

g) Enrolle los buñuelos de canela calientes en la mezcla de azúcar para cubrirlos por completo.

h) Servir caliente.

100. Buñuelos De Calabaza Y Especias

Rinde: 1 porción

INGREDIENTES:

- 1 taza de harina para todo uso
- 2 cucharadas de azúcar granulada
- 1 cucharadita de polvo para hornear
- 1/2 cucharadita de canela molida
- 1/4 cucharadita de nuez moscada molida
- 1/4 cucharadita de jengibre molido
- 1/4 cucharadita de sal
- 1/2 taza de puré de calabaza enlatado
- 1/4 taza de leche
- 1 huevo grande
- Aceite vegetal para freír
- Azúcar de canela para cubrir

INSTRUCCIONES:

a) En un bol, mezcle la harina, el azúcar, el polvo para hornear, la canela, la nuez moscada, el jengibre y la sal.

b) En un recipiente aparte, combine el puré de calabaza, la leche y el huevo y bata hasta que estén bien combinados.

c) Vierta la mezcla de calabaza en los ingredientes secos y revuelva hasta que se forme una masa suave.

d) Caliente el aceite vegetal en una sartén u olla profunda a aproximadamente 350 °F (175 °C).

e) Eche cucharadas de la masa en el aceite caliente y fría hasta que estén doradas por ambos lados, volteándolas una vez durante la cocción.

f) Retire los buñuelos del aceite con una espumadera y colóquelos en un plato forrado con papel toalla para escurrir el exceso de aceite.

g) Enrolle los buñuelos calientes en azúcar con canela para cubrirlos uniformemente.

h) Sirve los buñuelos de calabaza y especias aún calientes.

CONCLUSIÓN

Al concluir nuestro viaje por el delicioso mundo de los buñuelos, esperamos que este libro de cocina haya encendido su pasión por estas delicias crujientes y deliciosas. Desde el primer chisporroteo en la sartén hasta el momento en que das ese irresistible bocado, los buñuelos tienen una manera de brindar alegría y satisfacción a cualquier comida. Tanto si eres fanático de las recetas tradicionales como si prefieres explorar nuevas combinaciones de sabores, La Guía Última De Buñuelos Irresistibleste ha ofrecido una amplia gama de opciones que se adaptan a tus gustos.

Recuerde, los buñuelos no son sólo un refrigerio o aperitivo rápido; pueden ser la estrella del espectáculo. Así que no tengas miedo de experimentar, adaptar y hacer tuyas estas recetas. Agrega una cucharada de tu salsa favorita, combínalos con una ensalada refrescante o sírvelos junto con otros platos deliciosos. La versatilidad de los buñuelos te permite ser creativo y adaptarlos a tus preferencias personales.

Esperamos que este libro de cocina haya despertado su imaginación culinaria y lo haya inspirado a embarcarse en sus aventuras con los buñuelos. Ya sea que esté cocinando para usted, sus seres queridos o entreteniendo invitados, deje que La Guía Última De Buñuelos Irresistibles sea su guía confiable para elaborar comidas memorables llenas de sabor, textura y una pizca de magia culinaria. ¡Feliz preparación de buñuelos!

Milton Keynes UK
Ingram Content Group UK Ltd.
UKHW020240221123
432980UK00016B/1128